LES PROBLÈMES

DE L'HISTOIRE

DE

JEANNE D'ARC

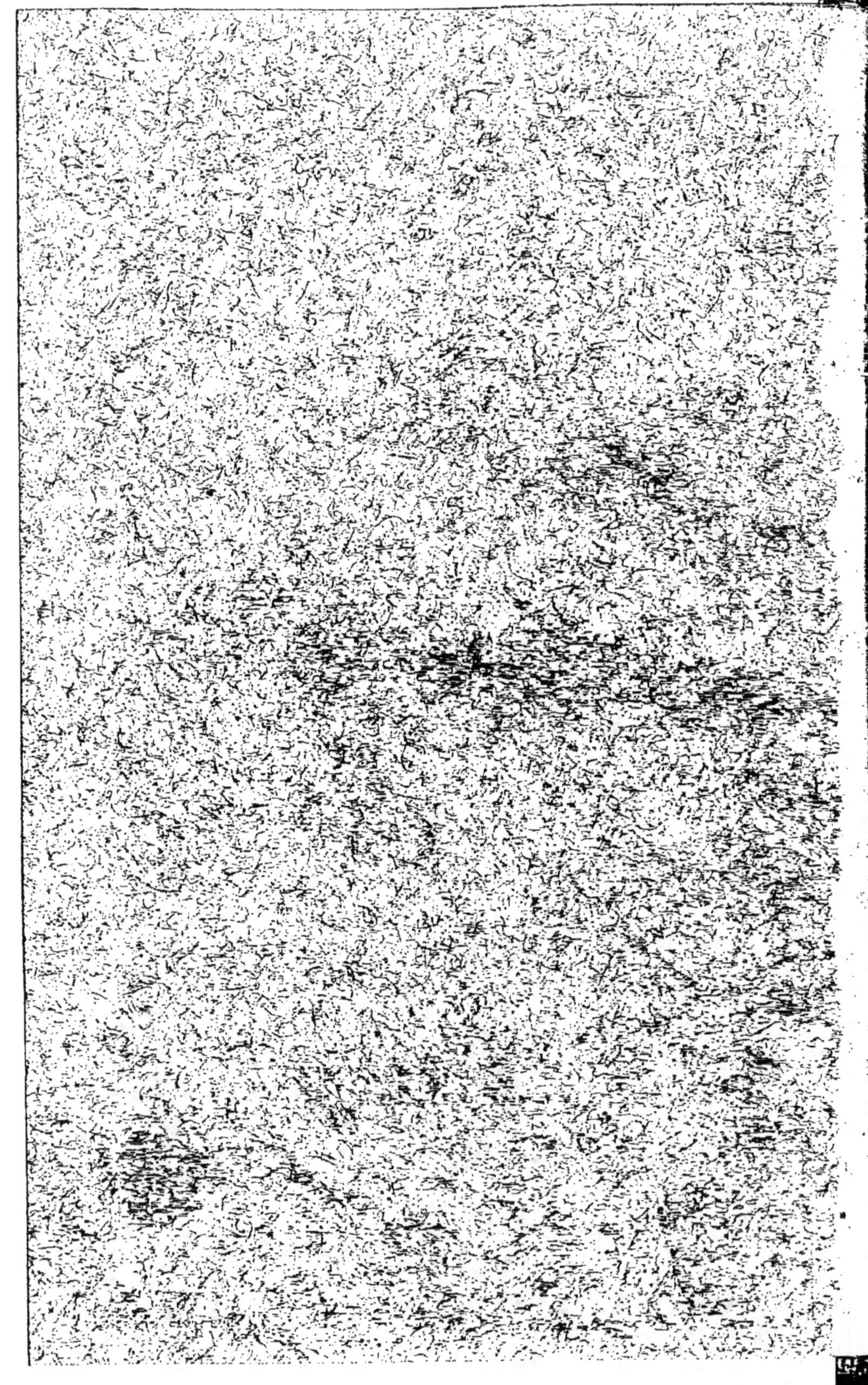

LES PROBLÈMES DE L'HISTOIRE

DE

JEANNE D'ARC

LES PROBLÈMES

DE L'HISTOIRE

DE

JEANNE D'ARC

PAR

le Dr L. GUILLAUME

CHAUMONT

TYPOGRAPHIE ET LITHOGRAPHIE CAVANIOL.

1908

BIBLIOGRAPHIE

H. D'ARBOIS DE JUBAINVILLE. — Histoire des ducs et comtes de Champagne. Paris, 1859.

BÉGIN. — Histoire des duchés de Lorraine et de Bar.

Colonel BIOTTOT. — Les grands inspirés devant la science. Jeanne d'Arc. Paris, 1908.

DE BOUTEILLER ET DE BRAUX. — La famille de Jeanne d'Arc. Généalogie. Paris-Orléans, 1878.

J. CARNANDET. — Tablettes historiques de la Haute-Marne. Paris, 1856.

L. CHAMPION. — Jeanne d'Arc écuyère. Paris, 1901.

P. CHAMPION. — Madame d'Or et Jeanne d'Arc. Paris, 1900. (?)

J.-CH. CHAPELIER. — Etude sur la véritable nationalité de Jeanne d'Arc. Epinal, 1870.

P.-H. DUNAND. — La vie de Jeanne d'Arc de M. Anatole France. Paris-Toulouse, 1908.

E. DUVERNOY. — Les Etats généraux des duchés de Lorraine et de Bar. Paris, 1904.

E. DUVERNOY. — Le ressort de la prévôté de Gondrecourt. Nancy, 1895.

Abbé ETIENNE GEORGES. — Jeanne d'Arc considérée au point de vue franco-champenois. Troyes, 1894.

J. FABRE. — Jeanne d'Arc, libératrice de la France. Paris, 1884.

J. FÉRIEL. — Notes pour servir à l'histoire de Joinville. Joinville, 1856.

J. FÉRIEL. — Jean, sire de Joinville, sénéchal de Champagne. Chaumont, 1853.

A. France. — Vie de Jeanne d'Arc. Paris, 1907.

V. Froussard. — Réflexions sur la nationalité de Jeanne d'Arc. Annales de la Société d'Archéologie de Chaumont, 1905.

L. Germain. — Ancel, sire de Joinville. Nancy, 1884.

L. Germain. — Observations relatives à Thibaut I⁰ʳ, comte de Bar. Nancy, 1902.

J. Gousset. — Loix municipales et coûtumes générales du bailliage de Chaumont en Bassigny, et ancien ressort d'iceluy. Chaumont, 1722.

G. Goyau. — Jeanne d'Arc devant l'opinion allemande. Paris, 1907.

G. Guibal. — Histoire du sentiment national en France pendant la guerre de Cent Ans. Paris, 1875.

A. Guillemin. — Jeanne d'Arc. Paris, 1875.

J. Havet. — La frontière d'empire dans l'Argonne. Enquête de Verdun en 1288. Paris, 1881.

A. Jacob. — Chartes inédites des sires de Joinville. Nancy, 1879.

Abbé Jacquot. — Demange-aux-Eaux et l'abbaye d'Evaux. Nancy, 1882.

Abbé Jehet. — La nationalité de Jeanne d'Arc. Réponse à M. l'abbé Missel. Bar-le-Duc, 1895.

E. Jolibois. — Histoire de Chaumont. Chaumont, 1856.

E. Jolibois. — La Haute-Marne. Dictionnaire historique. Chaumont, 1858.

Kervin de Lettenhove. — Œuvres de Georges Chastellain. Bruxelles, 1864.

Dom H. Leclercq. — Les martyrs : Jeanne d'Arc, Savonarole. Paris, 1906.

H. Lepage. — Archives départementales de la Meurthe. Série B. Nancy, 1870.

H. Lepage. — Les archives de Nancy. Nancy, 1865.

G. Lefèvre Pontalis et Léon Dorez. — Chronique d'Antonio Morosini. Traduction et commentaires. Paris, 1898.

G. Lefèvre-Pontalis. — La panique anglaise en mai 1429. Paris-Orléans, 1894.

H. Levallois. — Liste des vassaux de Bar de l'an 1311. Nancy, 1901.

Abbé E. Lhote. — Jeanne d'Arc, la bonne Lorraine, ou réponse à Jeanne d'Arc champenoise. Saint-Dié, 1895.

S. Luce. — Jeanne d'Arc à Domremy. Paris, 1886.

S. Luce. — La France pendant la guerre de Cent Ans. Paris, 1890.

A. Longnon. — Histoire des ducs et comtes de Champagne de d'A. de Jubainville. Livre des vassaux. Paris-Troyes, 1869.

A. Longnon. – De la formation de l'unité française. Paris, 1904.

P. Marin. — Jeanne d'Arc tacticien et stratégiste. Paris, 1889.

E. Misset. — Jeanne d'Arc champenoise. Paris-Orléans, 1895.

E. Misset. — Jeanne d'Arc champenoise. Réponse à M. Poinsignon. Paris-Orléans, 1895.

E. Misset. — Jeanne d'Arc champenoise. Deuxième réponse à M. l'abbé Lhote. Paris-Orléans, 1895.

E. Misset. — Jeanne d'Arc champenoise. Petite réponse d'un Champenois à trois Lorrains. Paris, 1897.

E. Misset. — Le blason de Jeanne d'Arc. Paris, 1897.

E. Misset. — Jeanne d'Arc champenoise. La nationalité de Jeanne d'Arc et celle de Saint-Pierre Fourier. Paris, 1898.

F. de Montrol. — La Champagne. Résumé historique. Paris, 1877.

E. O'Reilly. — Procès de condamnation et de réhabilitation de Jeanne d'Arc. Paris, 1868.

Comte de Pange. — Le pays de Jeanne d'Arc. Les Baudricourt. Paris, 1903.

G. de Pimodan. — La première étape de Jeanne d'Arc. Avenir de la Haute-Marne, 1890.

M. Poinsignon. — Histoire générale de la Champagne et de la Brie. Châlons-sur-Marne, 1896.

J. Quicherat. — Procès de condamnation et de réhabilitation de Jeanne d'Arc. Paris, 1841.

J. Quicherat. — Aperçus nouveaux sur l'histoire de Jeanne d'Arc. Paris, 1850.

Ath. Renard. — L'état-civil de Jeanne d'Arc. Langres, 1879.

Ath. Renard. — Jeanne d'Arc ou la fille du peuple au xve siècle. Paris, 1851.

Ath. Renard. — Jeanne d'Arc était-elle française. Deuxième réponse à M. Lepage. 1852.

ATH. RENARD. — Souvenirs du Bassigny champenois. Jeanne d'Arc à Domremy. 1857.

ATH. RENARD. — Jeanne d'Arc était-elle française. Troisième réponse à Lepage. Paris, 1857.

A. ROSEROT. — Rôle des fiefs du bailliage de Chaumont en 1504. Troyes, 1900.

V. SERVAIS. — Annales historiques du Barrois (1352 à 1411). Bar-le-Duc, 1865.

J. SIMONNET. — Essai sur l'histoire et la généalogie des Sires de Joinville, 1003 à 1386. Langres, 1876.

A. SOREL. — La maison de Jeanne d'Arc à Domremy. Paris-Orléans, 1886.

J. TRÉVÉDY. — Les compagnons bretons de Jeanne d'Arc. Saint-Brieuc, 1893.

A. TUETEY et LACAILLE. — Journal de Clément de Fauquembergue. Paris, 1903.

VALLET DE VIRIVILLE. — Histoire de Charles VII.

H. VALLON. — Jeanne d'Arc. Paris, 1876.

AVERTISSEMENT DE L'AUTEUR

Ce livre est simplement une mise au point
des principaux problèmes de l'histoire de
Jeanne d'Arc.

Certains d'entre eux, notamment celui
de la nationalité, ont été très avancés, et
à peu près résolus, par l'abbé E. Misset,
en première ligne. Néanmoins, la discussion
s'est passée dans une arène restreinte, en
dehors du grand public ; et même, pour les
initiés aux mystères de l'archéologie, la
situation féodale de Domremy demeurait en-
veloppée d'obscurités. J'espère avoir apporté
quelque lumière dans ces ténèbres, malgré
l'apparence de casse-tête chinois que notre
vieux droit féodal donnait à cette étude.

1.

La littérature de Jeanne d'Arc est assez complète et abondante aujourd'hui pour qu'on ne soit pas surpris que je n'aie produit aucune découverte nouvelle, aucun document inédit, et qu'il m'ait suffi, pour ma besogne, de rassembler les matériaux épars dans de nombreuses publications, afin d'en déterminer l'interprétation.

J'aurais pu me borner, c'était mon intention première, à cette étude de la situation féodale de Domremy, d'où se déduit le statut politique de Jeanne d'Arc. J'ai cru devoir, à la mémoire de notre héroïne, de faire davantage et de la défendre contre ceux qui, à des titres divers, inconsciemment ou avec une perfidie calculée, collaborent à la démolition de son prestige historique.

Le zèle naïf et inopportun des uns, qui ne veulent voir dans sa vie qu'un ensemble de faits surnaturels, n'est pas moins dangereux, pour sa mémoire, que la mauvaise foi des autres qui, sous les dehors d'une érudition d'emprunt, travestissent et ridiculisent ses actes, la présentent comme une *minus habens*, une espèce de fétiche grossier, et cela pour satisfaire je ne sais quels bas instincts d'antipatriotisme.

Il est vrai que je ne suis pas dans le ton du jour. Je me résigne à être traité de pompier ; à être placé en compagnie des Saint-Cyriens aux derniers degrés de cette échelle sociale d'invention nouvelle, au haut de laquelle trônent les plus dangereux de tous les snobs, les intellectuels ? !

Je crois qu'il y a, et qu'il y aura longtemps encore, une patrie française ; qu'il y a un génie français, un patrimoine commun de gloires et de douleurs qui est notre héritage à tous, qu'il faut honorer et cultiver pieusement, qu'il faut défendre aussi, et je ne sais pas de plus noble profession que celle qui consiste à donner sa vie pour cette défense.

C'est pourquoi, en proclamant l'intégrité

et la supériorité de l'intelligence de Jeanne d'Arc, ses talents militaires, son grand sens politique, j'ai voulu rendre hommage à celle qui fut la plus glorieuse et la plus pure incarnation de l'amour de la patrie française.

Chaumont, le 23 septembre 1908.

Dr GUILLAUME,

Bibliothécaire de la Société d'Archéologie de Chaumont.

LES PROBLÈMES DE L'HISTOIRE

DE

JEANNE D'ARC

I

La Nationalité.

La question de la nationalité de Jeanne d'Arc a été soulevée vers le milieu du siècle dernier. La publication par Quicherat des pièces du procès de Rouen et du procès de réhabilitation attira l'attention des admirateurs de l'héroïne sur cette attestation que Domremy était dit *de la prévosté d'Andelot-Montéclère, bailliage de Chaumont-en-Bassigny*. Domremy était-il donc champenois ? De nombreuses brochures, des communications aux Sociétés savantes furent le signal d'une polémique très passionnée, où souvent l'érudition céda le pas à la satire.

La discussion entamée entre les divers

combattants suivit des fortunes diverses. Cependant on fut bien forcé, dès le début même des hostilités, d'abandonner la nationalité purement lorraine. En considérant comme établi que Domremy appartînt en entier au duché de Bar, Jeanne d'Arc ne pouvait pas être qualifiée de sujette du duc de Lorraine, parce que, quelques jours avant son supplice, le duc de Bar, René d'Anjou, gendre de Charles II de Lorraine, succédait à son beau-père.

Si Jeanne d'Arc n'était pas Française, on ne niera pas qu'elle avait bénéficié d'une sorte de naturalisation de fait depuis qu'elle était au service du roi de France. Avant son départ pour Chinon, quel était son statut politique ou celui de ses parents, selon les lois du moyen âge, tel est le terrain sur lequel la question devait se poser.

Ceux qui n'ont pas eu la patience de lire et relire ce qui a été écrit à ce sujet ne sauraient s'imaginer la variété, la quantité des arguments fournis à la polémique. Certains documents apportés par les uns ont été omis par les autres, ou bien ceux-ci en ont tiré des conclusions diamétralement opposées ; des suppressions, des changements de mots, ont permis à certains de convaincre leur adversaire d'erreur; quelques-uns se sont vivement querellés sur une simple réflexion d'historien qui, à force d'être répétée, était devenue un document historique !

Deux causes principales ont contribué à retarder la solution du problème. Tout d'abord, presque tous ceux qui l'ont abordé, à part Quicherat, et encore, ont confirmé le mot profondément vrai d'un historien que nul ne peut, *sans passion*, étudier la vie de l'héroïne. En matière de critique historique, comme en toute autre, la passion est mauvaise conseillère. Chacun a vu Jeanne d'Arc, non comme elle fut, mais comme il voulait qu'elle fût.

La seconde cause est que l'on a cherché une solution où elle était impossible à trouver. Pour savoir de quel pays était Jeanne d'Arc on a tenté de restituer les limites entre la France et le Barrois : comme il n'y en avait pas, on n'a pu y parvenir. Prenant comme base d'études notre organisation administrative et judiciaire si nettement tranchée, on s'est perdu dans des assimilations imaginaires dans lesquelles les documents refusent énergiquement de se laisser encadrer.

Le principe dont on ne doit pas se départir dans une telle étude est celui-ci : sous le régime de la féodalité, qui était en pleine vigueur à l'époque de Jeanne d'Arc, *il n'y avait pas de limites territoriales nationales,* **Il n'y avait que des fiefs.**

Je ne veux pas entrer dans un examen juridique des fiefs qui allongerait sans utilité le présent travail. Qu'il me suffise de rappeler : 1° que le détenteur d'un fief pouvait en jouir, comme vassal direct du haut suzerain ; ce fief était alors le fief direct, le *plain-fief ;* 2° ce vassal pouvait céder le fief à un second détenteur, qui en avait en ce cas la propriété en qualité d'arrière-vassal ou vassal de seconde main : c'était alors l'arrière-fief. Je me sers à dessein de ces mots : *détenteur, propriété,* et je fais remarquer que le vassal ou l'arrière-vassal était bien réellement le propriétaire, car il n'y avait à son droit de propriété d'autre réserve, en faveur du suzerain, que les cas de confiscation, de déshérence ou de retrait seigneurial qui ne pouvaient s'exercer que dans des limites rares et précises.

Un seigneur pouvait être suzerain pour tel fief et vassal pour tel autre ; il pouvait être vassal de plusieurs suzerains, selon que les fiefs qu'il occupait relevaient de celui-ci ou de celui-là. Un seigneur pouvait être suzerain d'un autre seigneur pour tel fief et son vassal pour tel autre.

Enfin, si l'on observe qu'un fief pouvait être constitué par toutes sortes de choses, depuis un château, un domaine, jusqu'à un droit de glandage, une simple rente sur une foire, etc., on saisit l'infinie variété et la complication infinie des combinaisons auxquelles prêtait le droit féodal. On comprend, dès lors, que dans une même châtellenie, une même prévôté, un même village, on trouve plusieurs seigneuries indépendantes, ou dépendantes les unes des autres. Comment, dans ces conditions, établir une délimitation territoriale ?

Pour comble d'obscurité, dans l'espèce, nous avons la *mouvance,* dont la définition précise a donné lieu à bien des controverses. Je crois que la mouvance, dans le langage courant, était simplement synonyme de vassalité ; mais qu'en des cas où, comme pour le Barrois, le vassal était lui-même un véritable souverain, la mouvance ne comportait d'autres obligations que le service militaire et certains appels judiciaires ; sous ces réserves, le duc de Bar jouissait des *droits régaliens*. Toutefois· la mouvance emporte l'idée de nationalité ; car les habitants du Barrois mouvant sont dits *sujets du roi de France*, évidemment par opposition aux terres d'Empire. Mais la délimitation entre la France et l'Empire n'en demeurait pas moins une chose extrêmement ardue (1). L'enquête de 1288 sur la nationalité de Beaulieu ne put aboutir : il fallut recourir aux armes, d'où, en 1301, le traité de Bruges, qui est le premier acte constitutif du Barrois mouvant.

Non seulement, il n'y avait alors que des *liens féodaux ;* mais *les nationalités n'existaient* pour ainsi dire *pas*.

L'expression de *France* ne désigne nullement l'ensemble des pays où, par exemple, était parlé le français. C'est le domaine personnel de ce grand seigneur que la tradition représente comme le chef, *honorifique sur*

(1) Cf. Julien Havet : *La frontière d'Empire dans l'Argonne.*

tout, des autres grands seigneurs, maîtres des territoires qui ont formé nos anciennes provinces. Cette France ne se confond pas un seul instant, dans le langage du temps, avec la Normandie, la Champagne, la Bourgogne, etc.; et aucun chroniqueur ne s'avise d'appeler Français les Normands, les Champenois, les Bourguignons. Un seul lien les place sous l'autorité du roi de France, le service militaire ; et, encore, avec une foule de réserves.

D'abord, c'est pour un temps limité généralement trop court pour permettre ce que nous appellerions aujourd'hui une campagne. Puis, dans nombre de cas, le vassal est juge du litige ; il veut bien guerroyer contre un tel, mais pas contre tel autre. C'est ce qui nous explique que la croisade, entreprise non prévue par la coutume féodale, fut une chose tout individuelle et entièrement libre. L'illustre Jean de Joinville, l'ami et le chroniqueur de Saint-Louis, refuse de l'accompagner dans une nouvelle croisade, alors que son suzerain, le comte de Champagne, a pris lui-même la croix. A Saint-Louis, irrité de ce refus, il répond : « *Ne suis mie votre hom !* » Il n'était pas, en effet, sujet

du roi de France ; il n'était pas Français,
mais Champenois ; et, même en cette qualité, la coutume féodale ne l'obligeait pas à
se mettre sous la bannière du comte de Champagne.

Lorsque naquit Jeanne d'Arc, il y avait
juste un demi-siècle que la Champagne était
devenue définitivement partie intégrante du
domaine de la couronne ; et, bien que l'usage
ait prévalu, longtemps encore, de distinguer
les Champenois, comme on faisait des Normands, des Poitevins, des Berrichons, etc.,
il serait plus que subtil de prétendre que
les Champenois n'étaient pas Français, ce qui
était, au contraire, encore vrai pour les Bourguignons et les Bretons. Cette remarque
pourra sembler oiseuse ; elle est cependant
nécessaire, si l'on considère que, précisément à propos de la nationalité de Jeanne
d'Arc, on a soutenu la thèse que la nationalité ne pouvait être constituée par la circonscription administrative, autrement dit que le
fait que Domremy relevait du bailliage de
Chaumont ne prouvait pas que Domremy
fût champenois ; et que, s'il était français,
c'était non comme dépendance de l'ancien
comté de Champagne, mais comme partie de

la prévôté de Vaucouleurs, propriété directe
de la couronne (1).

Qu'est-ce que la *nationalité ?* La nationalité comporte à la fois la parenté de race et
l'unité d'institutions politiques. A ce titre
étaient *champenoises* les populations de langue française soumises à l'autorité militaire,
judiciaire et administrative du comte de
Champagne. Par conséquent, tout ce qui faisait partie du bailliage de Chaumont était
champenois, puisque le bailli de Chaumont,
représentant le comte de Champagne, était
à la fois le chef militaire, judiciaire et admi-
nistratif de cette circonscription. Et ces populations sont devenues françaises du jour où
le comte de Champagne a disparu pour faire
place au roi de France. Si Domremy a fait
partie des fiefs relevant du comte de Champagne, Domremy était champenois, et, comme
tel, français lors de la naissance de Jeanne
d'Arc, sans qu'il soit besoin d'invoquer un
prétendu rattachement de Domremy à Vaucouleurs dont l'authenticité est encore à
démontrer.

(1) *Jeanne d'Arc champenoise, réponse à M.
Poinsignon.* Misset, 1895.

M. l'abbé Jehet (La nationalité de Jeanne d'Arc) s'élève contre la prétention de considérer comme Champagne tout ce qui était du ressort de la prévôté d'Andelot. Il cite notamment le mandement royal de Charles VI, du 7 septembre 1409, enjoignant au bailli de Chaumont de sommer le duc de Lorraine de faire hommage des villes et châteaux de Neufchâteau, Frouard, Montfort, Châtenois et Passavant-en-Vosge, comme faisant partie du bailliage de Chaumont. Ces localités, dit M. Jehet, n'ont jamais été champenoises.

M. Jehet accorde à la réclamation de Charles VI une valeur qu'elle n'a pas. Cette pièce est un acte d'imminence d'hostilités. Il faut se rappeler la situation du duc de Lorraine vis-à-vis de la Cour de France. Ami de Jean sans peur, il fut très compromis à la suite de l'assassinat du duc d'Orléans, et dut fuir précipitamment de la Cour. Celle-ci pensa un moment à sa déposition. Si les choses n'en vinrent pas à cette extrémité, il fut cependant dès lors tenu à l'écart, jusqu'au jour où la protection du duc de Bourgogne et les combinaisons des politiques de France et d'Angleterre le firent rentrer en faveur, puisque l'épée de connétable de France lui fut offerte après le traité de Troyes.

C'est lors de cette période de tension et de menaces que la Cour de France fit établir un long relevé des griefs qu'elle avait contre le duc Charles II, et profita de l'occasion pour tirer parti d'anciennes chartes relatives aux relations de la Champagne et de la Lorraine. Jamais Neufchâteau, Frouard et Châtenois n'ont été, dans ces documents, considérés comme parties de la prévôté d'Andelot ; il n'en est pas de même de Passavant qui figure, au contraire, dans toutes les nomenclatures du ressort d'Andelot. Les comtes de Champagne étaient suzerains de Frouard et Châtenois, etc. Le duc de Lorraine est cité comme vassal dans les *Feoda Campanie*. Quant à Neufchâteau, les discussions entre le duc de Lorraine et les comtes de Champagne, puis les rois de France, sont constatées dans plusieurs documents. Mais il semble ne résulter de leur teneur, en faveur du comte de Champagne et du roi de France, qu'une sorte de protectorat des habitants, un droit de garantie des libertés que les ducs de Lorraine leur avaient accordées avec plus ou moins de bonne grâce.

Nous avons de nombreuses raisons de croire que Domremy appartenait, d'ancienneté, au comté de Champagne. Il est certain que la royauté n'apporta, pour ainsi dire, aucune modification aux organisations existantes. Jusqu'à la Révolution, elle a gardé ces délimitations bizarres dans leur circuit, enchevêtrées, enclavées les unes dans les autres, partageant un même village entre deux, parfois trois ressorts, dans un ordre qui serait absolument incohérent et inexplicable si l'on n'y retrouvait la trace des anciens fiefs féodaux. Les « *Coûtumes de Chaumont*, 1509, édition de Gousset, 1722 » présentent, dans la monenclature des localités de la prévôté d'Andelot, une subdivision évidente, sous le titre, en lettres majuscules, de : « **La Ville et le Chastel de Gondre-court** » avec, en dessous, cette mention : « autrefois du bailliage de Chaumont, puis de Sens, à présent de Chaalons en Champa-gne ». Cette subdivision comprend trente-quatre villages, châteaux ou prieurés.

Nous nous croyons autorisé à voir là le *res-sort de Gondrecourt* tel qu'il existait, ou à peu de chose près, sous les comtes de Champagne. Nous retrouverons, en effet, bientôt, pour certaines de ces localités, la trace des biens féodaux qui les rattachaient à la Champagne.

Celles qui nous intéressent le plus sont Domremy, Bourlémont et Gondrecourt.

Nous savons qu'au temps de Jeanne d'Arc, le seigneur dont relève le village de Domremy est celui de Bourlémont. A l'enquête pour le procès de réhabilitation, plusieurs témoins de Domremy, interrogés sur le fait de l'arbre des fées, déclarent qu'il était un but de pro-menade pour la dame du sire de Bourlémont « *notre seigneur* ». Ils ne disent pas : « l'un de nos seigneurs ». Le châtelain de Bourlé-mont était donc, selon toute probabilité, l'unique seigneur de Domremy.

Nous trouvons, en effet, antérieurement à Jeanne d'Arc, ce village possédé en entier par ces seigneurs en fief ou arrière-fief.

Le château de Bourlémont lui-même, relevait directement du comte de Champagne. Parmi les hommages faits à Thibaut V, (d'Arbois de Jubainville, *Hist. des ducs et comtes de Champagne*), Girard l'Evanté déclare que le comte de Champagne (Henri le libéral, 1163) s'étant porté garant (*fideijussor*) de conventions conclues entre le roi de France et l'empereur, et le roi y ayant contrevenu, le comte fut en captivité auprès de l'empereur. Mais comme le roi ne le libérait pas et laissait la captivité du comte se prolonger, celui-ci demanda et obtint sa liberté ; et, pour prix, livra à l'empereur un certain nombre de châteaux, que Girard croit supérieur à quatre, sans pouvoir en citer d'autres que Hyz (*Is-en-Bassigny ?*) près Clefmont-en-Bassigny, Montigny, *Bollémont vers Gundricourt (Bourlémont vers Gondrecourt)* et Raulcourt, que tient le comte de Bar.

(Même époque). Conrad, évêque de Metz et de Spire, spécifie que les châteaux dont il vient d'être question, selon ce qu'il a trouvé dans les écrits de l'empereur, sont : Burlé-

mont (*Bourlémont*), Dampierre, Possesse, Risnel (*Reynel*), La Sessie (*La Fessie, La Feschie, La Fauche*), Gundricourt (*Gondrecourt*) et Belrain.

Selon d'Arbois de Jubainville, l'acte d'Henri le libéral n'aurait consisté qu'en une reconnaissance de suzeraineté, et, encore, toute platonique : jamais l'empereur ne prit possession de ces châteaux ; on ne voit pas qu'il en ait réclamé l'hommage aux successeurs d'Henri.

Dans les **Feoda Campanie**, on trouve, parmi les *fié* de la *Chastellerie de Viteri* (rôle d'Henri I vers 1172) : *Symons de Bollaumont*, et dans la liste des *feodi magni*, vers 1201 :

« *Dominus de Bolleimont est homo ligius* « *comitis campanie de Bolleimont.* »

« *Petrus de Bollemont tenet Bollemont de* « *comite campanie ligement.* »

Avril 1250. Geoffroi, seigneur de Bourlémont, reconnaît avoir reçu de Thibaut IV, à la présente foire de Bar-sur-Aube, cent livres de provinois forts, qu'il emploiera à fortifier le château de Bourlémont.

On voit donc que la vassalité champenoise des seigneurs de Bourlémont, que les gens

de Domremy qualifient de « notre seigneur »,
est déjà établie au douzième siècle.

Mais le sire de Bourlémont tenait aussi une
partie de Domremy du comte de Bar, et une
autre de l'évêque de Toul. En 1334, Jean de
Bourlémont déclare : « *Je suis homs liges de*
« *Très hault Prince et puissant monsignor*
« *Eddouard, comte de Bar...... hores le*
« *homaige, le féaultez et liégey que j'ai et*
« *doi avoir à l'évêque de Toul et le roy de*
« *France, pour cause de la contey de Cham-*
« *paigne. Et dudict monseignour le comte*
« *de Bar teing-je pour cause dudict homaige,*
« *la forte maison de Donremey, le porpris*
« *et les apartenances, et la moictié de ladicte*
« *ville, c'est adsavoir ; dez la pierre envers*
« *lou moustier, si come li rus la porte, et*
« *toutes les appartenances qui appartiennent*
« *à cely partie dou ban et dou finaige de*
« *Don-Remey......* » (1).

Le 12 février 1397, Jean de Bourlémont,
escuier, seigneur de Domremy, donne à

(1) Etude sur la véritable nationalité de Jeanne
d'Arc. Chapelier, 1870. (Cf. Charles du Lys, 1612, qui
indique que Greux et Domremy étaient dans la partie
française du diocèse de Toul. — Misset, *Jeanne d'Arc
champenoise*, p. 31).

Robert, duc de Bar, le dénombrement de
tout ce qui lui appartient audit lieu : « *toutes*
« *les choses qui s'en suivent, séant en la ville,*
« *ban et finaige de Dompremy, mouvant de*
« *li à cause de sa chastellenie de Gondrecourt,*
« *et en ressort d'icelle. Et premiers, la mai-*
« *son et forteresse appelée l'Ile, ensemble la*
« *baille* (barle, cour) *devant, et les fossés*
« *entourant le grand jardin, et la moitié du*
« *meys* (verger derrière la maison) *et toutes*
« *les appartenances séant audict Dompremy,*
« *laquelle* (la maison forte) *est rendable à*
« *mondict seigneur. Item, audict Dompremy,*
« *environ vingt et cinq conduits* (feux) *de*
« *personnes lesquels doient chacun an, au*
« *terme de feste de Sainct-Remey* (suit l'énu-
« mération des sommes et objets en nature).
« *Item, y a en ladicte ville dix conduits de*
« *personnes à eschief qui doient pour cha-*
« *cun... Item, un four banal... Item, ou*
« *ban et finaige de ladicte ville environ trente*
« *et cinq faucies de preys... Item, environ*
« *quarante jourgz de terre arable... Item,*
« *un désert de vigne... Item, environ quatre*
« *jourgz... Item, environ six arpens de*
« *bois... Item,* énumération des travaux
« obligatoires pour les habitants ». A noter,

pour la fenaison : « *Item, en la fenaison*
« *doivent seier* (1) *tous mes preys, iceux fener*
« *et mettre dans ladicte maison et forteresse,*
« **avec ceux de Greux qui ne sont point**
« **du fiedz de mondict signour de Bar,**
« *c'est adsavoir tous les foins appartenant à*
« *ladicte forteresse* ».

Voilà un exemple bien topique de l'extrême complication des droits féodaux. Ainsi la maison forte de
l'Ile est entièrement du ressort de Gondrecourt et de
la vassalité du duc de Bar, à qui, au point de vue militaire, elle est rendable, c'est-à-dire que, quoique propriété du sire de Bourlémont, le duc de Bar a le droit
d'y tenir garnison en temps de guerre. Mais les prés
du sire de Bourlémont doivent être fauchés et rentrés
dans cette maison forte, non seulement par les gens
de Domremy vassaux du duc de Bar, mais encore par
ceux de Greux qui ne sont pas du fief de Bar. De plus,
d'après le membre de phrase final : « C'est assavoir
tous les foins appartenant à ladicte maison et forteresse » on est conduit à conclure que ces prés consti-

(1) *Séier, scier, faucher.*
>   Treize-cent-quatre-vingt-quinze
>   Le comte de Sainct Paul d'entreprinse
>   Les bleds aux champs prest à siller
>   Feist bruler, ardre et piller

(*Chronique des antiquités de Metz.* — Cité par
Servais, *Chroniques de Bar*).

tuent un domaine propre à la maison forte, bien qu'ils
soient compris dans deux fiefs de suzeraineté diffé-
rente !

Si l'on se reporte aux dénombrements de la seigneurie barroise (lorraine) de Domremy, par ses deux co-
propriétaires par moitié, Jean, comte de Salm en 1574
et Oger de Saint-Blaise en 1599, on y voit nettement
signalé que la maison de l'Ile constituait un fief d'où
dépendaient certaines vassalités. « Et pour raison de
« laquelle maison nous avons plusieurs vassaulx qui
« reprennent de nous, assavoir les sieurs du Han,
« Moncel et Happoncourt. » *Arch. de Meurthe-et-
Moselle. Layette B. 727, n° 21. Gondrecourt III.*

On a fait diverses hypothèses sur cette maison et on
l'a considérée comme l'habitation de la famille de
Bourlémont. Cela me paraît invraisemblable ; ces
seigneurs n'y devaient faire que de courts séjours.
Leur château, forteresse de premier ordre, n'était distant que de trois kilomètres environ, et présentait des
conditions d'habitabilité et de sécurité autrement
sérieuses. D'après les documents, je suis porté à n'y
voir qu'un abri de la première heure, lors des alertes
causées par les gens de guerre, où les habitants de
Domremy poussaient le troupeau qui constituait leur
principale richesse. Elle servait aussi d'engrangement
pour les récoltes, de sorte de ferme. C'est probablement d'elle qu'il s'agit dans une des chartes que nous
citons plus loin. Elle devait comprendre quelques
pièces de logement mais non constituer une demeure
seigneuriale. En effet, elle sera louée à Jacquemin
d'Arc, frère de la Pucelle, lorsque, passée à la famille
lorraine de Salm, elle cessera d'être une résidence

pour les descendants des Bourlémont. Ajoutons que sa valeur militaire était faible, puisque les gens de Domremy étaient parfois obligés de fuir jusqu'à Neufchâteau.

Je place, ici, à l'occasion de ces remarques sur la forteresse de l'Ile, quelques réflexions sur la qualité de bergère attribuée à Jeanne d'Arc. Tous les auteurs s'accordent à la représenter comme ayant pour principales fonctions de garder les *brebis* de ses parents. On ne s'est pas arrêté à l'une de ses réponses, au procès : « quant à savoir si elle a gardé les brebis *elle n'en a pas souvenir....* » elle a cependant aidé son père et ses frères à pousser les bêtes dans la maison de l'Ile,.... et probablement aidé quelquefois son père quand c'était au tour de celui-ci de garder le troupeau (communal). (Dépositions du procès de réhabilitation.)

Le défaut de mémoire, argué par Jeanne, serait tout à fait incompréhensible si elle avait été gardeuse de moutons. Il faudrait donc admettre que, devenue l'égale des chevaliers et des grandes dames, elle a honte de convenir qu'elle a été une pauvre bergère. Ce sentiment est contraire à tout ce que nous savons de Jeanne, qui a toujours conservé des manières modestes, se plaisait avec les humbles, et faisait si peu de cas de la gloriole qu'elle n'a jamais elle-même porté les armes que le roi avait octroyées à sa famille.

J'explique cette contradiction par une erreur qui s'est perpétuée dans la légende et est devenue article de foi historique. Les gens de Domremy, comme tous les habitants de la vallée de la Meuse, n'avaient alors, comme aujourd'hui, qu'un petit nombre de moutons, et faisaient surtout de l'élevage dans les grasses prairies de leur territoire. Ils avaient des bêtes à cornes et des chevaux ; mais comme la prairie appartenait aux seigneurs, qu'ils ne jouissaient que d'un droit de pâture, le troupeau était rassemblé sous une seule direction ; et, comme la crainte des pillards était toujours instante, la direction et la surveillance étaient à tour de rôle confiées aux hommes, et non aux enfants ou aux femmes. Voilà pourquoi il est parlé du tour de rôle de Jacquot d'Arc, de l'aide exceptionnelle que Jeanne a pu lui apporter en cas d'alerte, pour pousser le bétail dans l'Ile, et pourquoi elle déclare ne pas se souvenir d'avoir gardé un troupeau.

L'élevage des chevaux nous explique aussi comment Jeanne devait savoir se tenir à cheval, et à califourchon, car la position assise pour les femmes était alors inusitée. Elle contribuait aux travaux des champs, conduisait, ramenait les chevaux de son père, et le faisait certainement, autant que possible, en les montant.

Cette obligation de la fenaison, pour les habitants de Greux — qui relevaient du domaine royal et aussi jusqu'à un certain point de l'évêché de Toul, — indique que le sire de Bourlémont détenait également un fief royal ou épiscopal, probablement même l'un et l'autre.

Un acte du mois de Juin 1239 nous prouve que Geoffroi, sire de Bourlémont, était en effet, pour la moitié de Domremy et autres fiefs, homme lige de l'évêque de Toul, auquel il devait garde au château de Brixey (1).

En 1284, Pierre de Bourlémont engagea l'évêque de Toul, pour cent livres de toulois, la ville de Greux, qu'il tenait en fief de ce prélat (2).

Il est certain que ce seigneur possédait également en fief la partie de Domremy qui relevait du comte de Champagne, ensuite du roi de France. Nous ne savons rien de précis sur la composition de ce fief. Charles VII, sur la demande de la Pucelle, exempta les habitants de Domremy et de Greux de tout impôt en 1429. En 1459, les Elus de Langres voulurent imposer les habitants de Greux, et entamèrent poursuites et saisies. Sur la réclamation de ces derniers, Charles VII confirma le privilège de Greux. De la teneur des lettres royales et de l'arrêt des Elus qui les suit, il ne semble pas qu'il y ait eu contestation pour Domremy. Les Elus se réfèrent aux lettres royales de 1429, qu'ils divisent en premières et secondes, les premières relatives à Domremy, les secondes à Greux, et ils spécifient

(1) *Le pays de Jeanne d'Arc,* de Pange, 1903.
(2) Même ouvrage.

qu'en cette dernière ville, il n'y a que « *huict feux* ». Cette mention se trouve aussi dans le mandement royal (1).

Ce qu'on peut induire de ces deux pièces, c'est que les expressions que nous retrouvons dans les documents historiques, que *Domremy ne fait qu'un avec Greux*, ne s'appliquent pas seulement, comme on le croyait, à une union paroissiale, mais surtout à la composition du fief royal.

La croyance que Domremy et Greux ne formaient qu'une paroisse n'est qu'une interprétation des paroles de Jeanne : *Interrogata de loco originis : respondit quod nata fuit in villa de Dompremi, quæ est eadem cum villa de Grus ; et in loco de Grus est principalis ecclesia.*

Cette réponse que « Domremy et Greux ne font qu'un, et que la principale église est à Greux » ne signifie pas formellement que ces deux villages ne sont unis qu'au point de vue paroissial ; l'indivision signalée par Jeanne est en rapport avec tout ce que nous apprennent les documents sur la constitution du fief royal de Domremy-Greux, auquel il faut joindre probablement Maxey-sur-Meuse (ou sous Brixey) selon le rôle des fiefs du bailliage de Chaumont en 1504. (Roserot.)

(1) De Pange, *Le pays de Jeanne d'Arc.* — S. Luce, *Jeanne d'Arc à Domremy.*

Ce fief devait appartenir à l'origine à la famille de Joinville, sous la suzeraineté du comte de Champagne ; les Bourlémont l'ont détenu comme arrière-fief.

En 1218, Simon de Joinville, battu par Blanche de Navarre (guerre de la succession de Champagne), se soumet et, parmi les conventions de paix, renonce en faveur de Blanche et de son fils (Thibaut IV) à la mouvance de Lafauche, du moins provisoirement. En échange, il reçoit la mouvance des fiefs de Pierre de Bourlémont. Or, celui-ci avait épousé Félicité, fille de Geoffroi IV de Joinville. Il pourrait donc se faire que, vers le temps de Jeanne d'Arc, les sires de Bourlémont eussent hérité des droits de la famille de Joinville sur Domremy.

Voici quelle était la situation de la famille de Bourlémont à la fin du XIVe siècle, un peu avant la naissance de Jeanne d'Arc, et au cours du XVe siècle.

Jean II, de Bourlémont, fils de Jean I, hérita des droits de son frère aîné Pierre, mort probablement sans postérité, sur Bourlémont et Domremy. Il eut deux enfants : Henri et Jeanne.

Henri eut le fief principal, Bourlémont, et Jeanne celui de Domremy et Greux.

Henri eut d'Alix de Joinville, fille de Guy de Joinville, seigneur de Donjeux, une fille Jeanne, qui passa, par mariage, la seigneurie à Jean II d'Anglure, dont nous voyons le fils, Colas ou Nicolas d'Anglure-Bourlémont, figurer, pour ce dernier fief, au rôle du bailliage de Chaumont, vers 1502.

Jeanne de Bourlémont, fille de Jean II de Bourlémont, et tante de Jeanne de Bourlémont-Donjeux, épousa André de Joinville, dont elle eut Jeanne de Joinville, mariée 1º vers 1415, à Henri d'Ogéviller, et 2º en 1429, à Jean, comte de Salm. Chacun de ces mariages donna naissance à des enfants, et la seigneurie de Domremy fut partagée entre eux.

Cependant, il n'y aurait rien de surprenant qu'il y eut encore à Domremy d'autre fiefs ou d'autres fractions des fiefs signalés.

Le rôle des fiefs du bailliage de Chaumont en 1502, publié par Roserot en 1900, nous montre la division du fief royal :

Nº 514. Henri, comte de Saulme (Salm) tient (en fief du roy à cause d'Andelo) les seigneuries de *Greux*, *Maxey-soubz-Brixey*, *Dompremy-sur-Meuze* et Sauderon.

Nº 522. Loïs de Dammartin tient en fief que dessus la seigneurie de *Dompremy* (représentant probable de la branche d'Ogeviller).

Au même titre d'Andelo et sur la même ligne que les précédents, au nº 531, vient « hault et puissant prince René, duc de Lorraine et de Bar, tient en fief du roy, nostre sire, à cause que dessus, la terre et chatellenie de Gondrecourt, en la prévosté d'Andelo, ensemble ce qu'il a ès lieux et villaiges de... et *Dompremy-sur-Meuze* ».

Parmi « *les fiefs tenus et mouvans à cause du*

chastel dudit Gondrecourt, arrier-fief d'Andelo »
nous ne trouvons qu'un article relatif à Dompremy,
sous le n° 584 : « Amé de Neufchastel tient en fief que
dessus la seigneurie de *Dompremy.* »

Cet arrière-fief ne peut être que la partie de Domremy relevant du duc de Bar, mais qui aurait passé
des mains des descendants de Jeanne de Joinville au
sire de Neufchastel par alliance ou par acquisition (?).

Maxey-sous-Brissey ne figure pas dans ce rôle autrement que comme fief royal. Il est divisé en deux seigneuries, l'une au comte de Salm, l'autre, n° 524, à la
dame Katherine de Sainct-Loup.

Cette dernière indication reçoit une explication dans
une mention portée au rôle des vassaux du comte
Edouard I de Bar en 1311 :

« Jehan Halleis de Dompremy, liges après la dame
de Faulquigney. » Il s'agit ici d'un fief de la châtellenie de Mousson ; mais la réserve de ligéité montre
que Halleis de Dompremy était vassal de la dame de
Faucogney, pour un autre fief, qui précisément était
celui de Maxey-sous-Brixey, selon toute vraisemblance. Ce fief serait demeuré dans les mains des seigneurs de Faucogney et Saint-Loup.

Voici quelques pièces qui démontrent
l'existence de droits féodaux de la famille
de Joinville sur Domremy.

Selon une charte de 1255, Gui de Joinville,
seigneur de Sailly, déclare que Louis, fils de
Frédéric de Vaucouleurs, chevalier, s'est
déporté de toutes ses prétentions à l'égard

des religieux d'Evaux, à l'occasion de la vaine pâture et des prés de la grange de Domremy (1).

1258. Robert de Joinville, sire de Sailly, relate un accord intervenu entre les habitants de Buré et l'abbaye de Vaux-en-Ornois, concernant la paisson et le glandage dans les bois de Domremy qui sont de la garde dudit Robert (2).

1276. Jean, sire de Joinville, sénéchal de Champagne, et Alix, sa femme, vendent à l'abbaye de Vaux-en-Ornois ce qu'ils ont au terrage du lieu des Taillettes, devant la grange de Domremy, se réservant la garde et la justice (3).

1300. Gui de Joinville, sire de Sailly et autres arbitres, terminent le différend existant entre les religieux d'Evaux, et Jean de Sailly, écuyer, seigneur de Ribeaucourt, frère, vassal et homme-lige dudit Gui de Joinville, concernant les prétentions dudit Jean de Sailly dans les bois de Grammont, dépendant de la cense de Domremy (4).

(1) Arch. de la Meuse.
(2) Arch. de la Meuse. -- Evaux.
(3) Arch. de la Meuse. — Evaux.
(4) Arch. de la Meuse. -- Evaux.

On m'objecterait en vain que le Domremy dont il est question dans les chartes qui précèdent est Domremy-en-Ornois. Domremy-en-Ornois, d'après Jolibois, renfermait deux seigneuries, l'une laïque, dépendant de Donjeux, qui a été effectivement dans les mains de la famille de Joinville, l'autre ecclésiastique appartenant au prieuré de Condes. Par conséquent, ce n'est pas à propos de ce Domremy que les religieux d'E-vaux pouvaient être en contestation avec la maison de Joinville, et ses branches de Sailly et de Vaucouleurs.

Ces actes démontrent l'action des Joinville comme seigneurs féodaux sur les terres de Domremy. Toutefois, ils devaient, pour tous ces droits, l'hommage au comte de Champagne, car celui-ci était suzerain de Joinville, Sailly, Gondrecourt, Bourlémont et Vaucouleurs (1).

Je crois donc avoir établi que Domremy, fief des sires de Bourlémont, châtellenie de Gondrecourt, faisait partie du comté de Champagne et était classé dans la prévôté d'Andelot-Montéclère, bailliage de Chaumont. C'est pourquoi il en fut de même

(1) Longnon, t. VIII, de l'histoire de d'Arbois de Jubainville, Ducs et Comtes de Champagne. Appendice 64 : « *Dominus de Jonvilla est homo ligius de Jonvilla et Vaucolor et de Salleio.* »

lorsque la Champagne devint domaine de la couronne.

En ce qui concerne Gondrecourt, le château de Gondrecourt *(Gundricort)* est cité par l'évêque de Metz parmi ceux qui furent placés par Henri le libéral sous la suzeraineté de l'empereur.

Nous trouvons aussi : « *li sires de Gondricort* » parmi les « *fié de la chastellerie de Viteri, 1172* », et « *la dame deu Plaissie, lige de Gondricort* », et vers 1201 « *Morel de Gondricort* ».

Quels étaient ces fiefs ? Etaient-ils les mêmes que ceux qui figurent dans la liste des *Feodi magni*, que l'on date de 1201, sous les mentions suivantes :

« *Comes de Vaudeigmont* (Vaudémont) *est homo ligius de medietate de Gondricort.*

« *Dominus Planceii est homo ligius comitis Campanie de medietate de Gondricort.* »

Bien que le terme de *medietate* paraisse indiquer que Gondrecourt était divisé en deux *moitiés*, possédées, l'une, par la famille de Vaudémont, l'autre, par celle de Plancy,

il y avait certainement d'autres fiefs à Gondrecourt.

En effet, les *Feoda* mentionnent, sous le titre : *De Vitriaco et appendiciis*, les vassaux suivants : *Dux Lothoringiæ* et *Comes Barri*. Il devait s'agir de deux fiefs distincts et non du même. En ce qui concerne le comte de Bar, d'autres chapitres des *Feoda* le donnent comme vassal de Champagne pour Raucourt, Cernay, le chastel de Belrain, Saint-Amand-sur-Ligny, Bourmont, Les Istres, Flavigny, Bury, etc., et mentionnent qu'il doit deux mois de garde à Vitry. On voit que plusieurs de ces localités sont situées dans le rayon de Vitry, ce qui justifie l'inscription de la *Summa de Vitriaco et appendiciis*.

Quant au duc de Lorraine, nous croyons que le fief pour lequel il relevait de la châtellenie de Vitry était ce fief de Gondrecourt, dont nous voyons, en 1220, la mouvance cédée par le duc Mathieu à Blanche de Navarre et son fils. Cette seigneurie lui provenait sans doute d'Agnès de Bar, sa mère ; car, dans une charte de 1189, Agnès de Bar termine un procès avec l'abbaye d'Evaux et reconnaît n'avoir aucun droit sur les objets contestés, ni à cause de sa souveraineté de Bar, ni du fait de sa *seigneurie de Gondrecourt* (1).

Est-ce ce fief cédé par le duc Mathieu, dont Guy de Plancy était détenteur, qu'il vendit moyennant mille livres, en décembre 1219, à Henri II, comte de Bar ? Ou bien la vente comportait-elle tout ce que Guy de Plancy possédait à Gondrecourt ? Nous serions porté à croire qu'il ne s'agissait que du fief lorrain. En effet, en 1230, dans une charte relative à l'abbaye d'Evaux, Guy de Plancy est encore qualifié de *seigneur de Gondrecourt*; donc il y avait encore des propriétés importantes. En outre, nous trouvons que, le 31 mars 1220, Guy de Plancy déclare qu'il tient le château de Gondrecourt à hommage lige de Blanche de Navarre et de son fils, Thibaut IV, et que le château leur est rendable et jurable. Remarquons que, d'après les dates de ces pièces, selon l'ancien style, elles se succèdent dans l'ordre suivant : 1° décembre 1219, vente par G. de Plancy à Henri de Bar ; 2° mai 1220, cession de la mouvance du fief de Guy de Plancy, à Gondrecourt, par le duc Mathieu à Blanche et son fils : 3° 31 mars 1220, déclaration d'hom-

(1) Arch. de la Meuse. — Evaux.

mage par Guy de Plancy à Thibaut. Observons, en outre, selon ce dernier document, qu'il y est formellement question du château, rendable et jurable au comte de Champagne. Or, on sait qu'au moyen âge, les fiefs relevaient de la *tour*, du *donjon*, qui, étant la partie la plus ancienne et la plus forte du château, était la représentation de la puissance souveraine. Ce n'est que lorsque l'organisation judiciaire se fut développée et centralisée, aux dépens d'ailleurs des seigneurs locaux et au profit du haut suzerain, que l'habitude s'établit de dire que les fiefs relevaient de telle ou telle prévôté. Il est donc évident, à nos yeux, que Guy de Plancy détenait le fief principal, le château, et qu'il en était encore possesseur après la vente faite à Henri de Bar. Celle-ci ne concernait donc que le fief provenant du duc de Lorraine.

Une autre constatation s'impose. Aux termes du droit féodal, un seigneur-vassal ne pouvait transporter un fief à un autre seigneur qu'en en exceptant les châteaux, maisons fortes ou tours, lorsque le bénéficiaire était d'une puissance sensiblement égale à celle du suzerain, ou jouissait de droits régaliens.

Ainsi nous voyons Anseau de Joinville,

gendre du comte de Vaudémont et de la comtesse, née Isabelle de Lorraine, s'engager, par respect pour une convention intervenue entre ses beaux-parents et le duc de Lorraine, à employer les 6.000 livres qu'il avait reçues en dot à des acquisitions de propriétés qui reléveraient du duc de Lorraine ; et, si dans les délais impartis à ces acquisitions, il n'avait pu remplir ces clauses, il reporterait au duc de Lorraine, comme garantie provisoire, les fiefs qu'il tenait du comte de Bar, à *l'exception des châteaux, tours et maisons fortes*. L'octroi en fief des forteresses était l'apanage exclusif du haut-suzerain. Nous en concluons que Guy de Plancy ne pouvait céder le château de Gondrecourt au duc de Bar ; seul, le comte de Champagne avait qualité pour le faire, et c'est, en effet, de cette façon que le comte de Bar entrera en possession de ce château. Nous ajoutons que le fief d'Agnès de Bar, puis du duc Mathieu de Lorraine, ne pouvait comprendre le château, car le comte de Champagne n'aurait jamais toléré qu'une forteresse de sa vassalité fût possédée par un prince en mesure de prendre les armes contre lui, avec lequel, d'ailleurs, il fût en guerre.

En conséquence, pour pouvoir disposer du château, fief de Guy de Plancy, Thibaut IV devait le confisquer ou le racheter. Il n'existe pas de traces de confiscation, et les relations entre Guy de Plancy et son suzerain ne prêtèrent jamais prétexte à une telle mesure. Blanche de Navarre soupçonna bien un moment son vassal de dispositions à l'infidélité ; mais elle s'empressa de mettre son château de Plancy sous le séquestre d'un de ses serviteurs dévoués, ce qui maintint Guy dans le sentier du devoir.

Reste le rachat. Ici, encore, nous manquons de documents précis. A moins qu'il ne faille voir ce rachat dans l'échange intervenu entre Thibaut et Eustache de Conflans, en 1250. Eustache cède à Thibaut les droits de Jeanne, sa femme, sur Gondrecourt, la *chatellenie* et dépendances. Jeanne approuve cet échange, le 3 juin 1250, devant l'official de Châlons. Par une charte du 2 août suivant, Eustache et Thibaut conviennent que cet échange sera terminé dans le délai d'un an (1). Dans cette hypothèse, Jeanne de Conflans aurait appartenu à la maison de Plancy, et

(1) D'A. de Jubainville.

3.

aurait apporté en dot le fief de Gondrecourt.
En tous cas, Jeanne ne descendait pas de la
maison de Vaudémont, car celle-ci conserve
la possession entière de son fief de Gondrecourt jusqu'en 1272. Nous ne pensons pas
non plus que cette dame fût de la maison de
Bar, car en ce cas, le comte de Bar, qui tra-
vaillait à s'arrondir du côté de Gondrecourt,
se fût prévalu de son droit de chef de famille
pour exercer le retrait lignager et seigneurial.

La famille de Vaudémont n'était pas seulement vassale du comte de Champagne pour
la moitié de Gondrecourt ; elle était aussi
vassale du comte de Bar, pour ce même Gondrecourt, selon toute probabilité (1).

Les Vaudémont furent en contestations
répétées avec l'abbaye d'Evaux, pour certaines localités de l'Ornois, et lui firent, dans
ce pays, diverses donations, pour lesquelles
ils étaient certainement vassaux de Champagne.

L'abbaye d'Evaux a été fondée par Ebal de
Montfort, neveu de Thibaut II, comte de
Champagne, et par ce dernier prince, en 1130.

(1) Elle l'était pour le comté de Vaudémont, qui était
barrois et non lorrain.

Dom Calmet prétend que le fondateur est Geoffroi de Joinville ; mais il semble qu'il s'en soit rapporté à un document postérieur à 1130 ; Geoffroi n'intervint comme bienfaiteur qu'après cette date (1).

Evaux et tout l'Ornois étaient de la vassalité de Champagne. Thibaut II ajoute à Evaux, qui était alleu d'Ebal de Montfort, sa ville de Frescourt, sa part de la ville de Saint-Joirre, son aveu de Villiers-le-Vert, dit Malloxey, et sa ville de Hévillers. En 1132, il y joint Demange, Fouchières et Rozières (2).

En 1293, les donations faites par les comtes de Champagne et leurs vassaux à l'abbaye d'Evaux sont confirmées par Philippe-le-Bel et sa femme Jeanne de Navarre, comtesse palatine de Champagne et de Brie.

Voici quelques-unes des chartes relatives aux relations des religieux d'Evaux avec les comtes de Vaudémont en qualité de seigneurs de Gondrecourt :

1159. Les religieux de l'abbaye d'Evaux quittent à Henri, comte de Vaudémont, les

---

(1) Abbé Jacquot, *l'Abbaye d'Evaux.*
(2) Ouv. cité.

dommages et intérêts des pertes qu'il leur a fait subir (1).

Vers la même époque, Henri, évêque de Toul, déclare que Gérard de Gondrecourt, mal conseillé, s'est emparé de quelques biens de l'abbaye. (Il s'agit probablement des mêmes faits et Gérard était, sans doute, le fils d'Henri) (2).

1202. Gautier, seigneur de Reynel, donne à l'abbaye d'Evaux les villages d'Ormensin et de Voué... en présence de Hugues de Vaudémont, son père, et de Geoffroy, son frère (3).

1223. Transaction entre l'abbaye d'Evaux et Hugues de Vaudémont (4).

1241. Donation à l'abbaye par Geoffroy, seigneur de Gondrecourt... etc. (5).

La même année, Gautier de Reynel, qualifié de *seigneur féodal* et *dominant*, confirme la cession faite par Geoffroy de Vaudémont, seigneur de Gondrecourt (son frère), de la garde d'Ormensin (6).

(1) Arch. de la Meuse. — Evaux.
(2) Même source.
(3) Même source.
(4) Même source.
(5) Même source. —
(6) Même source.

On voit par ce dernier acte que le fief de Gondrecourt est déjà considéré par les Vaudémont comme un fief secondaire, puisque le fils aîné de Hugues, Gautier, a en partage Reynel, Gondrecourt échéant à son frère puîné, Geoffroy.

Les biens et droits féodaux auxquels se réfèrent les actes ci-dessus ne sont pas de la vassalité de Bar, car la même année, 1241, on a des lettres de Philippe de Dreux, comtesse de Bar et veuve d'Henri II, qui, sur le différend entre les religiéux d'Evaux et Geoffroy de Vaudémont, seigneur de Gondrecourt, déclarent que l'alleuf (alleu) d'Ormensin et ses dépendances n'ont jamais été du domaine de Gondrecourt, ce qui signifie : du domaine que Geoffroy tient de moi à Gondrecourt (1). Donc, Geoffroy de Vaudémont, seigneur de Gondrecourt, tenait du comte de Bar un fief à Gondrecourt. En effet, en 1244, Geoffroy de Vaudémont déclare que les villages de Frescourt, Fontenoy et Plain-lieue ne sont pas de sa juridiction, ni de son domaine…, et devant son prince, le comte de Bar, du consentement d'Alix, sa

(1) Même source.

femme, de Hugues, son frère, et de ses héritiers, avec la *permission de son dit seigneur
Thiébaut, de qui il est feudataire,* il donne
aux religieux toutes ses pâtures, vaines ou
non vaines, avec toutes sortes de pêches
partout l'Ornois... (1).

Quel était ce fief barrois de Gondrecourt,
sinon celui qu'Henri II avait acheté en 1219
de Guy de Plancy, qu'il avait donné ainsi en
arrière-fief à Geoffroy de Vaudémont, déjà
possesseur d'une première moitié, tenue directement du comte de Champagne?

En 1218 le fief est aux mains de Jean de
Gondrecourt, neveu d'Henri I, comte de Vaudémont, qui déclare, par lettres, que Jean
de Gondrecourt ne peut rien mettre hors de
sa main de ce qu'il a à Gondrecourt, sans la
permission du comte de Bar. Une charte de
la même année de Jehan, sire de Joinville,
fait exactement la même déclaration.

A quel titre intervient ici le sire de Joinville? Est-ce comme simple témoin? C'est
peu probable. Déjà, en 1256, Jehan de Joinville avait fait assavoir que Perrin de Bienville reconnaît qu'il devra garde à Gondre-

(1) Même source.

court, si le comte de Bar constate que ce droit lui est dû, après enquête (1). Jehan qualifie Perrin de Bienville de « mes escuiers ». Il serait surprenant que le bon sire n'ait eu d'autre but, en cet acte, que de se porter garant des obligations de l'un de ses officiers. Il avait, en réalité, de gros intérêts dans la région de Gondrecourt.

Quand même nous ne devrions accepter qu'avec un point d'interrogation l'assertion qui fait partir le premier seigneur et fondateur de Joinville, Etienne de Vaux, de Vaucouleurs, nous n'en savons pas moins que cette puissante maison s'étendait de Joinville à Vaucouleurs, précisément sur tous les territoires qui nous occupent. Les possessions de cette famille venaient d'être partagées entre les deux fils de Simon de Joinville, Jehan, l'aîné, conservant le fief principal, Joinville, et le cadet, Geoffroy, recevant en partage Vaucouleurs, sous la suzeraineté de son frère.

Nous avons montré plus haut les droits des Joinville sur Domremy. Simonnet *(Sires de Joinville)* prétend que le bon sire, en raison

(1) Simonnet, *Sires de Joinville.*

de la croisade où il s'illustra et du magnifique
château qu'il avait fait construire, eut de
gros besoins d'argent et dut se résigner à
vendre des terres importantes. En 1256, il
vend au comte de Bar la mouvance de deux
fiefs de la banlieue même de Gondrecourt :
« que je ay vendu et quitte à tousz jourz à
monsegnor Thiébaut, comte de Bar, le fié
*que li sires de Gondrecort tient de moi en-
tièrement à Gillauvilliers (Gérauvilliers) et
Badonvilliers, pour huict vingt livres de pro-
venisiens fors* » (1).

Ainsi, à cette époque, le comte de Bar était
possesseur : 1° de l'ancien fief de Guy de
Plancy dont le duc de Lorraine avait été le
premier feudataire, sous la suzeraineté du
comte de Champagne ; 2° du fief que Guy de
Plancy tenait directement du comte de Champagne et comprenant le château (2), fief qui lui
avait été probablement donné en augment de
fief par le comte à la suite de l'échange avec
Eustache de Conflans ; 3° des fiefs de Gérauvilliers et Badonvilliers, tenus par Jean de
Gondrecourt, et achetés à Jehan de Joinville.

(1) Simonnet, ouv. cité.
(2) Voir plus haut.

Enfin, en février 1272, Thibaut, comte de Bar, recevait d'Henri III, comte de Champagne, le fief que Jean de Gondrecourt tenait dudit Henri à Gondrecourt, ainsi qu'à Dienville, Braudonvilliers (Badonvilliers), c'est-à-dire toute cette première moitié *(de medietate de Gondricort)* que les *Feoda Campanie* nous montrent dès 1201 entre les mains de la famille de Vaudémont.

Toutefois, nous pensons que le comte de Bar s'était simplement substitué, vis-à-vis du comte de Champagne, aux feudataires primitifs : il était un grand vassal comme les autres. Le traité de 1301, survenu entre Henri III, de Bar, et Philippe le Bel, à la suite de la guerre pour la possession de l'abbaye de Beaulieu en Argonne, ne modifia pas cette situation. Ce n'est qu'en 1308 que Gondrecourt fut l'objet d'une transaction spéciale qui le faisait rentrer dans la règle du Barrois mouvant. A cette date, Philippe le Bel, à la prière du roi Edouard d'Angleterre, fit don de son château de Gondrecourt avec la seigneurie et les appartenances, sous réserve de l'hommage-lige, à Edouard, comte de Bar, neveu du roi d'Angleterre.

Il n'est donc pas douteux que, jusqu'en 1308, la terre de Gondrecourt, ville et châtellenie, n'ait entièrement fait partie de la Champagne, tout comme un autre fief de ses comtes.

Ceci ne faisait de doute pour personne au XVIIIe siècle. Dans une ordonnance de Stanislas (1), à propos d'une réclamation en reconnaissance de noblesse, émanant d'un descendant de la famille de Jeanne d'Arc, nous lisons ces considérants :

« Rappelant que selon l'usage et les anciens privilèges de la ville de Gondrecourt, confirmés par le duc Charles III, lors de la rédaction de la coutume du Bassigny (lorrain) faite en la ville de Lamothe, et entérinée, lors de la publication d'icelle, audit Gondrecourt, le 28 novembre 1580, les enfants nés d'une mère noble, quoique d'un père roturier, ont la liberté de reprendre le nom, la noblesse, et les armes de leur mère ; que ce privilège a été accordé anciennement par *les comtes de Champagne*, après la bataille donnée aux fossés de Janne, près Bray-sur-Seine, où

(1) Chambre des Comptes du duché de Bar, 2 janvier 1766.

presque tous les gentilshommes de la châtellenie de Gondrecourt furent tués... » (1)

Il résulte de ce document que la châtellenie de Gondrecourt était bien sous la suzeraineté complète du comte de Champagne, puisque la noblesse de Gondrecourt y combattait sous ses ordres. On ne comprendrait pas que Gondrecourt eût pu réclamer et obtenir de son nouveau suzerain, le duc de Lorraine, le maintien d'un privilège exclusif à la Champagne, si ce n'eût été au titre de partie anciennement intégrante de la Champagne.

En 1398, les habitants de Gondrecourt, que les agents du fisc français avaient frappés d'impositions foraines pour les denrées qu'ils amenaient en France, adressent au roi une requête pour en être exemptés :

« Au roy, nostre sire,

Supplient humblement vos humbles subgez de la ville et prevosté de Gondrecourt... ils sont de tout temps ancien de vostre royaulme, six lieues par deçà la rivière de Mueze, *ressortissant à vostre prévosté d'Andelo*, pourquoi

(1) Cf. *Les coutumes de Chaumont, Troyes*... sur ce privilège exclusif à la noblesse champenoise.

il ne pueent ne ne doibvent èstre tenus pour estrangers, ne pour estre hors du royaulme et mesmement qu'ils sont assiz en vostre dite prévosté d'Andelo, à six lieues près de Montesclère, à quatre lieues de Joinville, et proprement parler, en tels termes de vostre royaulme, qu'ilz ne pueent pas bonnement ne ne vouldroient pour quelque chose que ce fust estre réputez hors de vostre royaulme, mais ont toujourz ressorti et ressortissent, et vuellent ressortir à vostre dit siège d'Andelo, comme ilz ont accoustumé à faire... » (1).

M. Duvernoy attribue à cette pièce la date de fin 1398 ou les deux premiers mois de 1399, le mandement du roi qui la transmet à ses généraux des finances portant la date du 3 mars 1399. Les Elus de Langres donnèrent raison à la réclamation des habitants de Gondrecourt.

Dans une nouvelle requête pour que cet arrêt fût rendu exécutoire, on lit cette phrase : « combien qu'ils soient du royaulme du bailliage de Chaumont, ou *ressort d'Andelo*, tenue icelle ville (de Gondrecourt) de par monseigneur le duc de Bar... »

(1) Duvernoy, *Le ressort de Gondrecourt.*

Dans l'arrêt des généraux des finances du 29 mars 1400, on trouve ce renseignement intéressant, c'est que les habitants de la prévôté de Gondrecourt payaient les aides imposées au royaume pour le fait de la guerre. M. Duvernoy fait remarquer que, par conséquent, les habitants de Domremy étaient tenus à cet impôt ; qu'il n'est donc pas besoin, pour justifier l'exemption octroyée par Charles VII, en reconnaissance des services de la Pucelle, de prétendre, avec M. Misset, qu'ils n'étaient pas du Barrois.

Mais cette obligation fiscale paraît douteuse, comme règle générale et régulière. En effet, l'arrêt des Elus de Langres, du 8 juillet 1460, s'appuie tout entier sur le privilège des sujets du duc de Bar de ne pas payer d'impôts en France : « que ledit seigneur, roi de Secille, en son dit duchié de Bar a plusieurs et beaux droits seigneuriaux entre autres de tenir et faire tenir tous ses hommes et subgez tant de son domaine que de ses fiedz tenus en foy et homaige de luy, francs et exemps de tous aides, tailles, sel, gabelle, etc., et aultres subvencions ayant cours au royaulme... »

D'autre part, ce même arrêté limite de la

façon la plus nette la partie barroise de Domremy exempte d'impôts, de la partie française
qui, avec Greux, devra payer les aides pour
le fait de la guerre. Il spécifie seulement,
quant à la partie barroise, que si le procureur du roi établit (à une autre occasion) son
droit à percevoir des contributions dans la
prévôté de Gondrecourt, les habitants du
Domremy barrois y seront également soumis.

Il est assez surprenant, après ce que l'on
sait de l'exemption d'impôts accordée aux
habitants du fief royal de Domremy-Greux,
que ce dernier document, postérieur d'un an
seulement, émanant de la même administration fiscale, n'y fasse aucune allusion ; que,
bien mieux, il spécifie que l'impôt des aides,
pour Greux, s'élève à dix sols tournois. Et,
cependant, nous savons que sur les registres
des contributions dressés jusqu'à la fin du
XVIe siècle par l'Election de Langres, la
mention *néant* se trouve toujours en face du
nom de Domremy.

Au temps de Jeanne d'Arc, Domremy faisait encore partie du bailliage de Chaumont.
L'enquête faite sur l'ordre du roi d'Angleterre, au début du procès de Rouen, est con-

duite par les officiers de la prévôté d'Andelot, envoyés par Jean de Torcenay, bailli de Chaumont pour les Anglais.

Quant à Gondrecourt, dans une enquête faite en 1502, sur la famille de Lys, par deux notaires de Vaucouleurs, et publiée par Thomas de Sinzelles, garde du scel du roi en la prévôté de Vaucouleurs, les enquêteurs citent : « feu Henry Baudot, en son vivant demourant à *Gondrecourt*, qui est à trois lieues de Domremy, *assis au bailliage de Chaumont* ». Domremy est cité continuellement dans l'acte, sans cette mention, qui ne vient que pour préciser la situation de Gondrecourt, nommé pour la première fois.

Nous voyons donc que les rois de France, successeurs des comtes de Champagne, n'ont pas cessé, vis-à-vis de la prévôté de Gondrecourt, d'exercer les droits de haute suzeraineté, d'hommage-lige, droits fiscaux, droits judiciaires. Toutefois, depuis 1308, il y avait là une situation spéciale qui faisait différer la condition de ce territoire de celle d'un fief ordinaire. L'obligation du service militaire du duc de Bar suivait les règles habituelles ; mais nous avons vu que si le roi avait conservé son droit à certains impôts, ce droit était à peu près platonique ; quant à l'administration de la justice, les sujets de la prévôté n'avaient qu'un droit d'appel aux tribunaux du bailliage de Chaumont, *assis en la prévôté d'Andelot*, et, enfin, au Parlement de Paris.

Le duc de Bar avait toute l'administration des finances, la justice en première instance, la frappe des monnaies, etc... Néanmoins, au milieu de son domaine subsistaient des fiefs royaux, entièrement indépendants de lui.

Tel était le fief de Domremy-Greux, originairement champenois, puis royal, Greux ayant été d'abord un fief temporel de l'évêché de Toul, puis ayant fini, nous ne savons dans quelles conditions, par être absorbé par le domaine royal.

Toutefois, nous ne pensons pas que Domremy-Greux fut sous l'administration directe du roi, comme était la prévôté de Vaucouleurs, dont Domremy n'a jamais fait partie. Quand nous nous reportons à l'aveu de Jean de Bourlémont, où il énumère, relativement à ses prés, ses droits *sur ceux de Greux qui ne sont pas du fief de Bar*, quand, d'autre part, nous voyons un Bourlémont engager la ville de Greux à l'évêque de Toul, nous nous croyons autorisé à attribuer à la famille de

Bourlémont le fief de Domremy-Greux, sous la suzeraineté du roi de France.

L'exemple des gens de Domremy-Greux n'est pas unique. Le 9 mars 1259, par devant l'official de Toul, Joffroi de Varennes, écuyer, fils de feu Jean de Varennes, reconnaît être devenu l'homme de Thibaut V de Champagne, pour 10 livres de rente que ledit Joffroi possède à Maxey-sur-Vaise (près Domremy) et pour 10 autres livres de rente que tiennent dudit Joffroi, au même lieu, Garin de Domremy, chevalier, et Etienne de Brion, écuyer: Joffroi fera chaque année la garde au château de Coiffy (1).

Cette pièce présente un intérêt particulier en ce sens qu'on a cité Maxey-sur-Vaise comme n'ayant jamais eu de relations féodales avec la Champagne (2).

Il en était de même dans le reste du Barrois mouvant, et aussi le long de la frontière de Lorraine, l'histoire de Neufchâteau en est un exemple frappant. Le roi n'était pas seulement suzerain du Barrois mouvant, il y possédait

(1) D'A. de Jubainville, ouv. cité.
(2) Voy. plus loin, le rôle des fiefs du bailliage de Chaumont, en 1502.

4

des fiefs directs, ou tenus par des vassaux indépendants du duc de Bar, comme l'abbaye d'Evaux, ou se soulevant contre lui, comme la maison de Luxembourg-Ligny.

Les sires de Joinville eux-mêmes étaient tantôt feudataires, tantôt suzerains du comte de Bar. Lors de la guerre de la succession de Champagne, Simon de Joinville qui s'était prononcé pour Erard de Brienne, avec le comte de Bar, obtint en fief de celui-ci Boncourt, Robancourt, Bures, Germay et Juvigny (1). D'autre part, nous trouvons, en 1287, une quittance du prévôt de Vaucouleurs « pour ce que le duc (de Bar) devait à Joffroi, de Joinville, *pour son fief* ».

Ces points de contact très enchevêtrés, confus, étaient féconds en contestations : nous ne verrons cet état de choses définitivement réglé qu'en 1571, sous Charles IX.

A peine les rois de France s'étaient-ils substitués aux comtes de Champagne que les différends aboutissaient à une prise d'armes.

En 1301, Philippe-le-Bel et Henri de Bar se disputent l'abbaye de Beaulieu. Henri,

(1) Charte de 1221. Simonnet, ouv. cité.

battu, abandonne ses droits sur l'abbaye, et
« rendoit au roy et à ses successeurs, roys de
France, hommage-lige de Bar et de la châtellenie de Ligny, et de tout ce qu'il tenait *en
France,* à luy, *par delà la Meuse, vers le roy
de France* ». De là la distinction qui s'établit
entre le Barrois *mouvant* et le Barrois non
mouvant de la couronne de France (1).

Par ces termes « en France, par delà la
Meuse, vers le roy de France » il faut entendre
les pays au-delà de la Meuse, du côté de la
France, c'est-à-dire les pays situés entre la
Meuse et la Marne. Remarquons, en passant,
que cette région du Barrois mouvant est dite
en France, ce qui contredit d'une façon topique ceux qui pensent que Jeanne, barroise
du Barrois mouvant, n'avait aucun titre à la
qualification de *française.*

D'autre part, ces termes « *vers le roy de
France* » ne sauraient viser Vaucouleurs, car
ce n'est qu'en 1634 qu'Anseau, sire de Joinville, céda au roi Philippe de Valois la mouvance de la terre de Vaucouleurs, en échange
des terres de Possesse et de Charmont, pour
lui-même, et, pour son neveu, Jean, de Join-

(1) Poinsignon, *Histoire de Champagne.*

ville, possesseur de la terre de Vaucouleurs, de fiefs de valeur égale dans la prévôté de Vertus.

Nous sommes donc convaincu qu'au temps de Jeanne d'Arc, il était à peu près impossible de fixer des limites précises entre la Champagne et le Barrois mouvant. Le roi de France, en se substituant aux comtes de Champagne, a pu se contenter de parer aux nécessités les plus manifestes par le traité de 1301, en stipulant que les possessions du comte de Bar, entre la Meuse et la Marne, seraient mouvantes de la couronne. Il n'éprouvait pas le besoin urgent de délimiter son royaume entre la Champagne et le Barrois puisqu'il était encore *en France*, chez lui, dans le Barrois mouvant. Mais cette nécessité apparaîtra quand les deux duchés de Bar et de Lorraine se trouveront unis dans la main d'un même prince, en grande partie indépendant de la France.

A la rigueur, l'intérêt était moindre pour le roi de France que n'effrayait pas la perspective de conflits où il était sûr d'avoir le dernier mot, et qui constituaient des jalons pour des empiétements futurs. Le duc de

Lorraine, au contraire, avait un intérêt majeur à s'assurer contre la faculté d'absorption de son puissant voisin, et il sut profiter, pour faire régler toutes les difficultés pendantes, en 1571, des étroites relations qu'il entretenait avec Charles IX, qui venait d'être parrain de son fils.

La situation de Domremy même, au temps de Jeanne d'Arc, montre l'impossibilité de baptiser politiquement ce village, puisqu'il appartenait à la fois au roi de France, au duc de Bar et à l'évêque de Toul. M. Misset pense qu'il ne faut pas tenir compte de cette dernière suzeraineté. Selon lui, le domaine de l'évêque de Toul formait trois parties : l'une, le temporel de l'évêque, l'autre, relevant de l'empire, la troisième de la France. On disait alors que cette dernière partie de l'évêché était en France. Mais comme les droits de l'évêché (1) sont contemporains des comtes de Champagne, l'évêque eût dû être *homme* du comte, ou le comte *homme* de l'évêque ; or, on ne trouve aucune trace de cette vassalité. Pour éviter cette difficulté,

(1) Cf. de Pange, *Le pays de Jeanne d'Arc.*

M. de Pange pense que l'évêché fut simplement dépouillé de Greux par le roi de France, peu après la réunion de la Champagne à la couronne : ce n'est là qu'une supposition. La question, d'ailleurs, est de peu d'importance : que le fief royal de Greux soit venu aux mains du roi de France, par spoliation, ou autrement, vers 1340, cela ne pouvait empêcher Jeanne d'Arc, domiciliée en ce fief, d'être sujette du roi.

Nous disons aujourd'hui que Domremy est une commune du canton de Coussey, arrondissement de Neufchâteau, département des Vosges. Une précision de ce genre est matériellement impossible pour l'époque qui nous occupe, puisque Domremy était un village *franco-barro-toulois*. Pour être exact, nous devons dire : un certain nombre de maisons du village de Domremy, les personnes qui les habitaient et la partie du finage qui correspondait à ces maisons étaient possédées par le sire de Bourlémont (ou ses héritiers) qui les tenait en fief du roi de France (successeur des comtes de Champagne).

Quant à savoir si le ruisseau des Trois-Fontaines, qui a fait couler des flots d'encre, était bien autrefois dans l'emplacement où nous le trouvons aujourd'hui, ou s'il a été détourné de son cours postérieurement à Jeanne d'Arc, parce que, dans le premier cas, la maison de la Pucelle, au nord de ce ruisseau, était dans le fief royal, tandis que, dans le second, elle se serait trouvée dans le fief barrois, qui était au sud, nous ferons observer que l'acte de Jean de Bourlémont, de 1334, dit, en parlant de la limite des deux fiefs : « dez la pierre envers lou moustier, si come li rus la porte ». Si, comme le prétendent les protagonistes de la nationalité barroise (?) le ruisseau coulait, au temps de Jeanne d'Arc, à 200 mètres plus au nord, il fallait que le *moustier* le suivît dans ses pérégrinations. Autrement, la pierre « si come li rus la porte » aurait été « *envers* » tout ce qu'on voudra, excepté « *envers lou moustier* ». Il n'y a pas besoin de se mettre l'esprit « *à l'envers* » pour voir qu'*envers* signifie simplement *vers, proche, auprès de*. Donc la pierre, le ruisseau et l'église étaient alors dans les mêmes rapports topographiques qu'aujourd'hui, et la maison de Jeanne était bien dans le fief royal. Jeanne était, par conséquent, sujette du roi ; elle pouvait toujours se réclamer des lois françaises.

Est-ce à dire que le ruisseau des Trois-Fontaines constituât une limite politique et administrative *radicale* entre les deux moitiés de Domremy ? Nous ne le pensons pas.

De même que le seigneur était un, l'administration locale était également une. Nous en connaissons les agents en 1423 : Dommoget-Trouillart, le maire, Jacques d'Arc (père de la Pucelle), doyen, Aubry Janet, échevin ; et, pour Greux, Johan Rainessons, maire, Malterin, doyen, Jehan Porret, échevin. Avec d'autres habitants de *chaque communauté, les deux villes ne faisant qu'un,* ils se portent forts de la dette contractée envers Robert de Saarbrück pour la protection des deux villages.

Qu'on lise les preuves accumulées par S. Luce dans son livre remarquable : *Jeanne d'Arc à Domremy,* on y trouvera maint et maint fait qui nous paraissent aujourd'hui témoigner d'une confusion de pouvoirs incompréhensible.

Il est un point sur lequel les partisans de la sujétion barroise, aussi bien que leurs adversaires, fondent avec empressement leur argumentation, celui des hommes de loi auxquels on s'adresse pour la rédaction des actes publics. Il nous semble que, malgré l'ordonnance du duc de Bar prescrivant l'emploi exclusif des notaires de sa juridiction, il existait une vieille habitude difficile à déraciner d'un seul coup. On s'adressait à une personne quelconque, pourvue d'un office judiciaire, *dépositaire d'un sceau*. On comprend que le sire de Bourlémont qui, au spirituel, dépendait de l'évêché de Toul, se soit adressé pour faire son testament au sieur Oudinot, de Maxey, notaire de l'official de Toul. Mais l'engagement des habitants de Domremy-Greux envers Robert de Saarbrück était dépourvu de tout caractère religieux; il n'en fut pas moins rédigé par ce même notaire toulois, qui habitait un village tout à fait indépendant du duc de Bar et de sa prévôté de Gondrecourt, village que l'on a dit exclusivement lorrain, mais qui, comme nous l'avons indiqué plus haut, devait, dès l'époque de Jeanne d'Arc, faire partie intégrante du fief royal de Domremy-Greux. Si l'officialité de Toul y avait un représentant, c'est que ce village relevait de l'évêché au spirituel, que peut-être même l'évêque y avait certains droits temporels de par le château-fort de Brixey qui lui appartenait.

Il ne faut pas non plus oublier une autre cause fréquente de confusion de pouvoirs dans cette région. Beaucoup de localités et de forteresses de l'évêque de Toul étaient placées sous la garde du duc de Bar, qui, en vertu de cette délégation, percevait l'impôt dit « des gardes », remplaçant l'ancien service personnel.

Selon une coutume que l'on voit en vigueur durant tout le moyen âge, on s'adresse, pour la rédaction des actes, à des personnes revêtues d'une fonction publique, possédant, en cette qualité, un sceau officiel, de façon à donner à l'acte un caractère d'authenticité ; mais on n'attache qu'une importance toute secondaire à la juridiction dont ils relèvent. On ne se préoccupe que des commodités locales. C'est pourquoi les documents qui sont entre nos mains ont été dressés tantôt à Maxey, tantôt à Vaucouleurs, tantôt à Gondrecourt. On ne peut tirer de ces divergences aucune conclusion relative à la question de nationalité.

On a prétendu que Jeanne avait été qualifiée de Lorraine, parce que, pour les gens de son époque, elle faisait partie du peuple lorrain, elle était de race lorraine. Cette explication est sans fondement. S'il est une dénomination régionale qui ne doive pas le jour à une nation, à une race, c'est bien celle de *Lorraine*, purement artificielle. On n'a relevé aucune différence notable de langue, de mœurs, de stature, etc., entre les Lorrains de langue française, les Barrois, les Champenois, les Picards, en un mot les populations de l'est et du nord-est de la France, qui autorise leur classement en groupes ethniques distincts, à plus forte raison, la création d'un groupe lorrain, comprenant le Barrois et allant jusqu'à.... on ne sait où.

Dans tous les documents anciens, la région comprenant les prévôtés de Gondrecourt, Lamothe, Bourmont et Lamarche, était désignée sous le nom de Bassigny. Les Coutumes du Bassigny ont été rédigées à Lamothe et entérinées à Gondrecourt, à la fin du XVI⁰ siècle. Or, le Bassigny était divisé politiquement en deux parties, le Bassigny barrois et le Bassigny champenois. Bien qu'il soit impossible d'en fixer les limites exactes, on est cependant fondé à voir là une circons-

cription géographique admise par la notoriété publique depuis des temps très reculés.
Nous savons d'autre part que le Bassigny a
été d'abord une région champenoise, puis,
qu'une partie en a été distraite pour constituer en grande partie le Barrois mouvant
(du comté de Champagne), et que ce n'est
qu'après la réunion politique des deux
duchés de Bar et de Lorraine que cette partie a reçu la dénomination de Bassigny lorrain.

Il est donc bien évident que si l'on veut
faire rentrer les populations du Bassigny
lorrain, émanation de la Champagne, dans
un groupe ethnique arbitraire, il faut leur
assigner une filiation champenoise et non
lorraine. Si on avait indubitablement prouvé
que Jeanne d'Arc était sujette de Bar parce
que du Barrois mouvant, c'est-à-dire, du
Bassigny barrois, ce serait une nouvelle
preuve de sa nationalité (?) champenoise.

Maintenant, pourquoi s'étonner qu'elle ait
été appelée *la bonne Lorraine*, qu'on ait
admis durant des siècles cette origine lorraine ? Les chroniqueurs qui ont écrit son
histoire connaissaient-ils ces détails compli-
qués sur sa dépendance féodale, qui ont

exigé de nos jours tant de discussions et de publications ? A l'heure où ils ont pris la plume, la réunion des duchés de Lorraine et de Bar était un fait accompli ; et bien que cette *union*, pour mieux dire, fût comparable à la situation actuelle de l'Autriche-Hongrie, la notoriété du duché de Lorraine, principauté indépendante de fait, était telle que l'on ne parlait que du duc de Lorraine, comme aujourd'hui on se borne à nommer l'empereur d'Autriche. Le petit pays de Jeanne d'Arc, complètement entouré par les Etats du duc de Lorraine, était lorrain pour tous les contemporains. Seuls, deux ou trois agents du fisc, ou du bailliage de Chaumont, et les seigneurs de Domremy savaient à quoi s'en tenir. Et, ici encore, ces seigneurs, des familles d'Ogéviller et de Salm, n'étaient-ils pas des seigneurs lorrains ? Voilà plus de raisons qu'il n'en faut pour expliquer l'erreur qui s'est perpétuée jusqu'à nos jours.

Pour la France, pour le patriotisme, le fait ne tire pas à conséquence ; mais pour la critique historique, il est indiscutable que Jeanne d'Arc, originaire d'un plain-fief royal, était directement sujette française.

Certes, ce fief avait été un fief du comté de Champagne ; mais c'est une façon impropre de parler que d'opposer la nationalité champenoise à la nationalité lorraine ou barroise, puisque, lors de sa naissance, la Champagne n'était plus qu'une province française. C'est comme si dans une discussion sur la nationalité des Chaumontais on venait soutenir qu'ils sont Haut-Marnais !

CONCLUSIONS

En résumé, Jeanne d'Arc n'était pas Lorraine : elle n'a jamais été sujette du duc de Lorraine, et n'appartenait pas à une race lorraine, car il n'y a pas de race lorraine.

Jeanne d'Arc n'était pas sujette directe du roi de France, comme appartenant à la prévôté de Vaucouleurs, Domremy n'ayant jamais fait partie de la prévôté de Vaucouleurs.

Le village de Domremy, au moment de sa naissance, constituait une communauté administrée par un maire, un doyen et un échevin, et régie par un curé au point de vue religieux. La seigneurie de ce village était possédée par la famille de Bourlémont, nommément par Jeanne de Joinville, épouse de Henri d'Ogéviller, gentilhomme lorrain.

Le territoire de Domremy était divisé en deux parties par le ruisseau des Trois Fontaines, dont l'emplacement, repéré par l'église et la maison de Jacques d'Arc, était le même qu'aujourd'hui.

La partie située sur la rive droite était tenue par le sire de Bourlémont (ou ses ayants droit) en fief du duc de Bar, en arrière-fief du roi de France, à cause de son château de Gondrecourt, et comme partie intégrante du Barrois mouvant. La partie située sur la rive gauche était tenue par le même seigneur en plain-fief du roi de France, avec les villages de Greux et Maxey-sous-Brixey, à cause de son château de Montéclère et de sa prévôté d'Andelot. Toutefois, il existait dans ce fief royal des redevances féodales s'appliquant à la maison forte de Domremy, dite de l'Ile, quoique située dans la portion barroise (1).

---

(1) Dans les dénombrements donnés par Jean, comte de Salm, le 15 octobre 1574 et par Oger de Saint-

La prévôté de Gondrecourt relevant, pour
les cas d'appel, de la prévôté d'Andelot et du
bailliage de Chaumont, les deux fiefs de

Blaise le 20 mars 1600, il est nettement indiqué que la
maison forte était une tête de fief.

On lit, en effet, dans le premier (le second reproduit la mention dans des termes identiques) :

« Laquelle terre et seigneurie consiste en une *ma-*
« *sure* (la maison forte était donc en ruines à cette
« époque) que souloit être une forte maison et chas-
« teau, maison seigneuriale du lieu appellé ancienne-
« ment l'Isle, pour ce qu'elle souloit être environnée
« de la rivière de Meuze, avec ses aisances et apparte-
« nances, ainsy qu'elle se contient, mesme un jardin
« qui est pour le présent en nature de prey pour la
« plupart, contenant environ huict faulchées, lequel se
« nomme encore de présent le grant jardin. *Et pour*
« *raison de laquelle maison avons plusieurs vas-*
« *saulx qui reprennent de nous, assavoir les sieurs*
« *de Han, Moncel et Happoncourt, des seigneu-*
« *ries de cesdits lieux, et de toutes leurs apparte-*
« *nances et dépendances.* »

Han était un faubourg de Gondrecourt ; Moncel et
Happoncourt étaient des villages de la rive gauche de
la Meuse, c'est-à-dire, *en Lorraine.*

Cette seigneurie semble avoir été en la possession
de Claude du Lys, descendant d'un frère de Jeanne
d'Arc, qui, le 9 avril 1496, loue à Claude de Bourlémont une partie des grosses dîmes de ces seigneuries. (Archives de Meurthe-et-Moselle.)

Domremy, fief barrois et fief royal, dépendaient, en conséquence, de la même autorité judiciaire.

Malgré cette indivision d'intérêts communaux, seigneuriaux, judiciaires et religieux, ce serait une erreur d'identifier le statut politique de l'une et l'autre partie de Domremy. Ceux qui demeuraient dans le fief barrois n'étaient qu'*indirectement*, médiatement *Français*, tandis que ceux du fief royal étaient *directement* et *entièrement Français*, au même titre que les habitants de l'ancien comté de Champagne et des autres provinces du domaine de la couronne de France.

Jeanne d'Arc, née et domiciliée dans le fief royal, était donc tout à fait et directement *Française* ; son dévouement à la France est une manifestation tout aussi naturelle que patriotique.

APPENDICE I

Les origines de la famille de Jeanne d'Arc sont entièrement obscures. Il n'existe aucun document jusqu'ici qui autorise à croire qu'elle venait d'Arc-en-Barrois, bien qu'il n'y ait là rien d'invraisemblable.

Un de ses descendants, Claude du Lys, qui vivait au XVII⁰ siècle, a dit, le premier, que Jacques d'Arc venait de Ceffonds, près Montiérender. On s'est demandé si ce n'était pas une erreur, et si le père de notre héroïne n'était pas originaire de Septfonts, près Vaucouleurs, petit fief donné par la famille de Joinville à l'abbaye de Septfontaines. L'hypothèse que les moines de Septfontaines, près Chaumont, auraient envoyé, pour exploiter leur terrage de Septfonts, un cultivateur de leur connaissance, originaire d'Arc, peut être ingénieuse ; mais elle demeure une œuvre d'imagination tant qu'on n'aura pas découvert, dans le cartulaire de Septfontaines, ou ailleurs, quelque transaction, bail ou autre, où figure le nom de Jacques, Jacob ou Jacquot d'Arc.

On a fait observer que l'origine de Ceffonds n'avait pas toute l'évidence de probabilité que lui attribuait Claude du Lys. Ceffonds était aux mains des moines de Montiérender, dont les terres étaient entièrement soumises au régime du servage. Jacques d'Arc, serf, aurait été incapable de quitter Ceffonds pour aller s'installer sur une terre autre que celles de l'abbaye.

Cela n'est pas prouvé. Nous voyons un des frères de Jeanne établi à Ceffonds, et prenant le titre de seigneur de Ceffonds. Il y avait donc à Ceffonds des terres indépendantes de l'abbaye ; Jacques d'Arc ou son père aurait pu être fermier de ces propriétés.

Quoiqu'il en soit de Ceffonds ou Septfonts et quoique la charte d'anoblissement de la famille de Jeanne, par Charles VII, emploie cette expression « fussent-ils même de condition serve », il est fort improbable que Jacques d'Arc fût serf.

S'il n'eût pas été un homme à peu près libre, il lui aurait été impossible de se déplacer, pour se rendre dans des localités soumises à des juridictions toutes différentes et à des seigneurs divers, quitter Ceffonds en Champagne pour venir se marier à Vouthon-en-Barrois, et se fixer ensuite dans un fief direct du roi de France. Les coutumes du moyen-âge lui auraient opposé des barrières insurmontables, des amendes ruineuses.

Il est plausible de croire que sa condition devait être semblable à celle de sa femme Isabelle Romée de Vouthon, dont la famille nous est assez connue pour que nous soyions assuré qu'elle n'était pas serve. Un de ses membres est curé de Sermaize ; d'autres parents sont disséminés dans des villages parfois éloignés, et exercent des professions indépendantes.

Enfin, MM. de Bouteiller et de Braux ont établi, avec une apparence suffisante d'authenticité, que Jacques

d'Arc et sa femme avaient une petite fortune territoriale, une quarantaine d'hectares, sans compter la maison. Nous avons un bail par lequel le frère de Jeanne,
Jacquemin, afferme la maison forte de l'Ile et ses
dépendances, qui, nous le savons, comprenaient une
notable superficie de prés. Cette condition nous porte
à croire que l'élevage des bêtes à cornes, et, sans doute
aussi, des chevaux, formait une des occupations principales de Jacquemin.

Toutes ces raisons ne permettent pas d'admettre
que la famille d'Arc ne fût pas de condition libre,
c'est-à-dire, qu'elle fût attachée à la glèbe et propriété
du seigneur, au même titre que les champs et les
maisons.

APPENDICE II

Extraits de l'opuscule de H. Levallois, 1901.

Vassaux d'Edouard 1er, comte de Bar. Hommages de 1311.

Prévosté de Moussons.

Perrins de Vauquelour, filz Simonin, liges après le signour de Vauquelour.

Jehan Halleis, de Domremey, liges après la dame de Faulquigney (Faucogney).

Prévosté de Bar.

Demoiselle Marie de Moncleir (Monteclère), liges ainsi comme li fiés le porte.

Perrines d'Ecurrey, liges après le roy de Navarre et après le vidame de Chaalons.

Jehans de Guerlande, liges après les roys de France et de Navarre.

Gautiers d'Autigny, liges après le roy de Navarre et le signour de Joinville.

Messires Hues, marichaus de Champaigne, liges ainsi comme li fiés le porte.

5.

Messires Jehan, sires de La Fauche, liges selonc les lettres que li cuens at de ses devantiers.

Messires Jehan, sires de Jenville, liges après le comte de Champaigne.

Messires Gui de Sorbon, liges après le roy de Navarre.

Messires Ogier, sires de Saint Chéron, liges après ses aultres signours, selonc le fiey.

Henris, comte de Wadémont, liges devant tous et sa contei rendable.

Prévosté de Bourmont.

Guios, sires de Clermont (Clefmont), liges après le roy de Navarre.

Prévosté de La Mothe.

Messires Renars de Choisuel, liges selonc le fiey.

Prévosté de Lamarche.

Messires Renars de Choisuel, messires Reniers de Choisuel, liges selonc le fiey.

Prévosté de Gondrecourt.

Gerars, de Domremey, liges ainsi come li fies le porte.

Madame de Bourlaimmont, liges selon li fié, ij fois.

Prévosté de Trougnon (Heudicourt).

Haleis, de Domremey, lige selonc le fié.

De ces inscriptions, il résulte que nombre de vassaux de Bar étaient vassaux de Champagne et de France. Quelle était la nationalité de ces seigneurs et de leurs fiefs ?

Il y avait, en 1311, deux nobles portant le nom de Domremey. Le premier, Halleis de Domremey, vassal en première ligne de la dame de Faucogney (probablement pour un fief de Maxey-sous-Brixey), était vassal du comte de Bar pour deux fiefs, l'un dans la prévôté de Mousson, l'autre, dans celle de Trougnon.

Le second, Gerars, de Domremey, vassal du comte de Bar, dans la prévôté de Gondrecourt, avait probablement son fief à Domremy même. Ce Gérard serait-il un Gérard de Vaudémont, seigneur de Gondrecourt ??

Dans la prévôté de Gondrecourt, outre le précédent vassal, on ne trouve que la *dame de Bourlaimmont*, portée liges ij fois, sans doute pour le fief de Domremy (aveu de Jean de Bourlémont, 1334) et pour un autre fief, à Gondrecourt même. V. le bail de Claude Dalix (du Lys) à Claude de Bourlémont, du 9 avril 1496, d'un jardin au Han, où ce dernier est indiqué comme ayant une seigneurie à Gondrecourt.

APPENDICE III

Extraits du rôle des fiefs du bailliage de Chaumont,
en 1502. — A. Roserot, 1900.

Prevosté d'Andelo-Monteclère.

Fiefs du roy à cause d'Andelo.

508. Noble sieur Colas d'Angluze, sieur de Bourlémont, capitaine de son (du Roy) chastel de Montigny-
le-Roy), (tient en fief du roy nostre sire) à cause de son
chastel de Montéclère, les chastel, terre et seigneurie de
Bourlémont et Roize.

514. Henry, comte de Saulme (Salm) tient les seigneuries de *Greux* et *Maxey-soubz-Brixey*, *Dompremy-sur-Meuse*, et Saudevon.

522. Loys de Dammartin tient en fief que dessus la
seigneurie de *Dompremy*.

524. Dame Katherine de Sainct-Loup tient partie de
la seigneurie de *Maxey-soubz-Brixey*.

531. Hault et puissant prince, René, duc de Lorraine
et de Bar, tient en fief du Roy, nostre sire, à cause que
dessus, la terre et chatellenie de Gondrecourt-le-
Chastel, en la prévosté d'Andelo, ensemble ce qu'il a
ès-lieux et villaiges de...... Burey-en-Vaux, Radon-

villiers (Badonvilliers),..... Gérauvilliers,..... Burey-
sur-Vaise,......'. Volton-le-Hault, Volton-le-Bas.....
et *Dompremy-sur-Meuse.*

Fiefz de Rynel, arrier fief de Montesclère.

573. Ledict Huet du Chastellet tient en fief de Rynel
le septième sur la vente de *Gondrecourt-le-Chastel.*

Fiefz tenus et mouvans, à cause dudict chastel de Gondrecourt, arrier fief d'Andelo.

575. Claude de Foux (Foug) tient les terres et
seigneuries de *Maxey-sur-Vaise* et Pargney-sur-
Meuze.

578. Huet d'Orges tient en fief que dessus partie de
la seigneurie de Goussaincourt.

580. Jean de Nancy tient en fief que dessus partie de
la terre de Braudonvilliers (Badonvilliers), de *Volton-
le-Hault* et *Volton-le-Bas.*

584. Amé de Neufchastel tient en fief que dessus la
seigneurie de *Dompremy.*

Vaucoulleur.

*Prévosté dudict lieu. Fiefz tenus et mouvans en
ladicte prévosté, pour le Roy, nostre sire, à cause
de son chastel dudict lieu.*

769. Pierre des Salles, escuier, tient en fief que
dessus, à cause dudict Vaucoulleur, le chastel et pour-
priz de Gombervaux, et par Nicole de Bairancourt
(Brancourt ?) sa femme, avec plusieurs terres, droitz

et revenuz qu'il a en justice et aultrement ès lieux de Rynyl-la-Salle (Rigny-la-Salle), Challaines-la-Bruslée, d'Ugney, Broussey-en-Blois et Badonvilliers.

777. Nicolas de Marchéville tient en fief et arrier fief que dessuz ce qu'il a de seigneurie au lieu de Burey-en-Vaulx et Pargney-sur-Meuze.

779. Messire André de Barisy (Barisey-la-Côte) a certaine seigneurie au lieu de Goussaincourt, que les gens et officiers du roy tiennent estre fief du roy, à cause de Vaucoulleur, et ledict chevalier dict estre tenu en fief de l'évesché de Toul.

782. Item (Henry de Barmanges) tient au lieu de Burey, en fief que dessus, certain effouage et aultres droitz ès lieux de Badonvilliers et Espyé.

788. Bénardin (Bernardin), de Foix (Foug), tient en fief que dessus la seigneurie qu'il a à Traveron, Tussey et Goussaincourt.

789. Tient encore en fief que dessus les droitz et seigneuries qu'il a à Burey-en-Vaulx, Montigny, Challaines et Pargney.

790. Aimé de Chavanges tient plusieurs censes et rentes à Montigny, Burey-en-Vaulx et Tussey.

791. Pierre de Montarbi tient en fief que dessus partie de la seigneurie d'Espié, un fief assis ou finaige de Bray, une portion des gros dixmes de Burey et ung aultre fief au lieu de Burey-en-Blois.

793. Item (dame Jacquarde), vefve de messire Nicolas du Four (Foug), tient une maison et plusieurs rentes à Renier (Rigny) la salle et Burey-en-Vaulx.

800. Guillaume d'Ourches, escuier, tient en fief que dessus, à cause dudict Vaucoulleur, plusieurs rentes,

revenuz et seigneuries ès lieux d'Espié, Bucey-en-Vaulx et Valleroy.

On a ajouté les fiefs de Vaucouleurs pour faire voir qu'en 1502, on ne trouve cité dans cette partie aucune seigneurie à Domremy ou Maxey-sous-Brixey, ce qui démontre encore que jamais Domremy n'a fait partie de la châtellenie ou prévôté de Vaucouleurs.

APPENDICE IV

Il est intéressant de noter, à propos des relations entre le comté, depuis duché de Bar, d'une part, et de l'autre, le comté de Champagne et la France, que ces relations ne ressemblent nullement à celles de voisins, mais bien à celles de gens de la même nation.

On comprend que le duc de Bar, feudataire du roi de France, figure à la cour et à l'armée dans toutes les circonstances importantes. C'est, en effet, ce que nous rapporte l'histoire. Mais nous voyons les gens du duc remplir en France des fonctions élevées et inversement. On dirait qu'il n'est, en ce cas, tenu aucun compte de l'origine de ces fonctionnaires ; Français ils sont pourvus d'emplois près du duc de Bar ; Barrois, ils sont officiers du roi de France.

Jean d'Arentières, seigneur de Mognéville (Barrois), était, en 1367, bailli de Chaumont et châtelain de Vaucouleurs. De 1367 à 1376, il remplit les fonctions de châtelain de Gondrecourt. Son fils, Jean d'Arentières le jeune, lui succéda dans cette châtellenie jusqu'en 1387.

Cette famille joua un rôle historique considérable dans l'histoire du duché de Bar. Les deux Jean, père et fils, servent Robert de Bar de leurs conseils et de leur épée.

L'auteur des chroniques de Bar, Servais, signale, en octobre 1400, l'arrivée à Gondrecourt du sieur de Beauffremont et du bailli de Chaumont, qui amènent des troupes à Edouard de Bar, pour se joindre à celles qu'il lève dans le Bassigny pour l'expédition du Luxembourg et le siège de Meissembourg.

Le 11 juin 1401, le sieur de Beauffremont et le bailli de Chaumont se retrouvent à Gondrecourt où se tient une conférence, au sujet de la garde de Toul, que les bourgeois venaient de conférer à Charles VI, ce qui fut sans doute la cause de la guerre que firent à Toul les ducs réunis de Bar et de Lorraine, qui se partageaient cette garde auparavant. Toul fut sur le point d'être pris ; mais l'intervention de Charles VI lui obtint une transaction : les ducs reçurent chacun une pension de cent livres.

En 1400 et 1401, le bailli de Chaumont était Guillaume de Poitiers, bâtard de l'évêque de Langres. Son intervention en 1400, en faveur du duc de Bar, était relative à la guerre que celui-ci soutenait contre les *Allemands*. Selon Jolibois, Guillaume ayant obtenu que l'échevin de Chaumont mît la milice à sa disposition, serait intervenu comme gardien pour le roi de la ville de Toul, et aurait taillé en pièces, *à la frontière du royaume*, les Allemands quoique supérieurs en nombre.

Cette version ne s'accorde pas avec les chroniques qui disent que la guerre fut uniquement portée autour de Longwy et de Meissembourg ; elles ne mentionnent aucun fait d'armes sur les frontières du Bassigny et du Toulois. Les effectifs de ces deux circonscriptions ne sont pas énumérés, non plus, parmi ceux qui,

de différentes parts, vinrent se joindre à Edouard de
Bar. A moins que par le mot *frontières* où est placée
la victoire de Guillaume de Poitiers, l'auteur du document, où Jolibois a puisé ses renseignements, n'ait
entendu, non les frontières du royaume, mais celles
du duché de Bar.

Dans les chroniques de Bar, règne de Robert de
Bar, nous voyons fréquemment figurer des représentants de la famille d'Aunoy.

A la bataille de Ligny, en 1368, c'est Robert d'Aunoy. *Jean d'Aunoy* est cité parmi les chevaliers qui,
sur l'ordre du roi Charles V, arrêtèrent, au château de
Bar, la comtesse de Bar, Yolande de Flandres, qui
avait fait saisir Henri de Bar, sire de Pierrefort, au
château même de Vincennes, et refusait de lui rendre
la liberté, malgré les injonctions de Charles V.

Signalons, en passant, l'importance de cet acte de
l'autorité royale, accompli en plein château de Bar,
par des gentilshommes barrois.

En 1381, Jean Daunois, chevalier, maître d'hôtel du
duc Robert, figure dans l'escorte donnée par Robert
aux représentants du duc de Bavière qui viennent
demander Marie de Bar en mariage. En 1384, Robert
emmène Jean d'Aunois et autres avec lui à Briey.

1385. Robert d'Aunois, maître d'hôtel du duc de Bar,
Robert, rentre en jouissance d'une rente de 10 livres
sur le ban d'Harville.

1389. Fête à Saint-Mihiel, en l'honneur du jeune
Henri de Bar. Le prévôt de Bouconville fournit 51
poules et 52 chapons. Ce fut Jean d'Aulnoy, chevalier maître d'hôtel du duc, qui reçut les 103 volail-
les.

1398. Jean d'Aulnoy est envoyé en mission en Flandre par Robert.

1402. Au siège de Dudelange, Jean d'Aulnoy perd un cheval dont il est indemnisé.

1402. Robert et son fils, Edouard, avec une suite nombreuse de ses principaux seigneurs, va à Thionville rendre visite au duc d'Orléans, son neveu, devenu possesseur du Luxembourg. Jean d'Aulnoy est au nombre des seigneurs barrois.

1407. Jean d'Aulnoy est cité parmi les capitaines de compagnies composant l'armée d'Edouard de Bar contre Metz. Il se trouve quelques jours après à Saint-Mihiel avec Robert, dont il est qualifié maître d'hôtel.

1409. Robert institue le tabellionnage et l'obligation pour ses sujets de s'adresser au tabellion de leur prévôté. Jean d'Aulnoy est membre du Conseil qui délibère sur cet édit.

Il n'y a donc pas de doute que ce Jean d'Aulnoy est un grand personnage de la cour de Bar. Ce Jean d'Aulnoy est-il le même que Jean d'Aulnoy, bailli de Chaumont, aussitôt après son beau-frère Guillaume de Poitiers et qui aura pour successeur son neveu, Robert de Baudricourt, le bailli enfin dont la magistrature est interrompue par la domination anglaise ? Cela nous semble probable.

Nous avons vu la famille d'Arentières, purement barroise, donner un bailli à Chaumont. Pourquoi n'en serait-il pas de même des d'Aunoy, qui eux avaient une origine champenoise presque certaine ? En 1224, Erard d'Aunoy fait partie de l'assemblée convoquée à Troyes pour régler le mode de partage de la succession entre mâles nobles.

Au XIVᵉ siècle (Jolibois) Hutin d'Aulnoy, époux de Simonne de Nogent (fille de Marguerite de Chaumont, dernière descendante connue de là famille seigneuriale de ce nom), habite Chaumont. Il est conseiller du roi, seigneur de Blaise, Mirbel et la Gennevroye, etc. Il a pour enfants Jean, Isabelle, Gauchière et Marguerite.

Jean sera le conseiller de Robert de Bar, puis bailli de Chaumont ;

Isabelle épouse Guillaume de Poitiers, bailli de Chaumont avant Jean d'Aulnoy ;

Gauchière épouse Symon de Bourmont, un des principaux gentilshommes du duché de Bar ;

Marguerite épouse Liébaut de Baudricourt, gentilhomme également notable du Barrois, dont elle aura Robert de Baudricourt.

A cette filiation vient s'opposer, en une certaine mesure, une généalogie proposée par M. de Pange (Famille de Baudricourt). Selon cet auteur, les d'Aulnoy tireraient leur origine de l'Ile de France. Ils habitaient La Vaudaire, proche le château royal de Saint-Germain-en-Laye. Ils étaient secrétaires du roi en 1389 et avaient une situation assez brillante pour avoir reçu, à cette date, chez eux le roi Charles VI, les ducs de Touraine, de Bourbon et le sire de Coucy ; le duc de Bourgogne y aurait dîné avec le roi. De Pange ajoute que le bailli de Chaumont brisait d'une bordure de gueules le blason de sa famille (d'azur à trois rocs d'échiquier d'or) comme n'appartenant pas à la branche aînée.

Or ni Hutin d'Aulnoy, ni son seul fils mâle Jean d'Aulnoy ne sont donnés comme secrétaires du roi ;

et il est peu vraisemblable qu'un secrétaire du roi de France ait occupé le simple poste de maître d'hôtel du duc de Bar. Des données diverses que nous venons d'énumérer il nous semble qu'on peut conclure que si les d'Aulnoy de Chaumont appartenaient à la même famille que ceux de la Vaudaire, ils n'étaient qu'une branche cadette, moins fortunée, et que le poste de secrétaire du roi était tenu par le représentant de la branche aînée, frère, sans doute, de Hutin d'Aulnoy.

Nous ne nous étendrons pas sur la famille de Baudricourt. Selon de Pange, celle-ci devait bien son nom à un fief du village de Baudricourt près Mirecourt. Mais dès le dernier quart du XIVe siècle Liébault de Baudricourt est un des principaux gentilshommes du duché de Bar. En 1387, en reconnaissance de ses services, le duc Robert lui donne le château de Nonsard, ses tours et autres édifices habitables, ainsi que les fossés, jardins et terres en dépendant (1).

Robert de Baudricourt succède à son père dans la faveur du duc, dont il est conseiller, en même temps qu'il commande, pour le roi, la place de Vaucouleurs. Enfin, dès que l'autorité royale sera rétablie à Chaumont, les fonctions de bailli lui seront confiées.

On voit donc, d'après tous ces faits, que, pour le choix des officiers, on ne faisait à la cour de France aucune distinction entre les gentilshommes champenois et barrois, et que ceux-ci étaient considérés comme français tout autant que les premiers.

(1) Les de Baudricourt avaient encore d'autres fiefs importants dans le Barrois.

APPENDICE V

~~~~

Bertrand de Poulengy, compagnon
de Jeanne d'Arc.

Les pièces xvi, p. 23 et xix, p. 28, publiées par S. Luce dans son livre « *Jeanne d'Arc à Domremy. Preuves* », en même temps qu'elles jettent un jour curieux sur les mœurs au commencement du XVe siècle, posent un point d'interrogation fort intéressant sur la famille de l'un des compagnons de Jeanne d'Arc, Bertrand de Poulengy, qui, avec Jean de Nouillompont, dit de Metz, la conduisit de Vaucouleurs à Chinon.

En effet, tandis que dans la première de ces pièces, Ysabeau ou Ysabelle, victime d'un enlèvement, est dite *vesve de Loïon de Puligny*, dans la seconde, postérieure d'un an, elle est qualifiée de *relicte defuncti Ludovici de Pulengy*. La narration du même fait ne laisse aucun doute: il s'agit bien de la même personne.

Voici l'histoire en quelques mots.

Ysabelle, veuve de Léon ou Louis de Puligny ou Pulengy (1), qui habitait précédemment Toul, où elle

(1) Aujourd'hui Pulney, canton de Vézelise.
~~~~

était née, était venue se fixer à Vaucouleurs soit avec
son mari, soit depuis la mort de celui-ci.

Mehaut de Naives, femme de Colard de Foug, résidait à ce moment à Ugny, village de la prévôté de
Vaucouleurs, où Colard, possesseur d'un fief, était,
en conséquence, vassal du roi de France.

De complicité avec Colin, bâtard de son mari, qui
désirait avoir Ysabelle pour femme, elle invita celle-ci
à entrer chez elle pour se rafraîchir et se reposer, un
jour où elle passait par Ugny, se rendant en pèlerinage à Notre-Dame de Maxey-sur-Meuse, ou Maxey-
sous-Brixey. Ysabelle refusa de s'arrêter, poursuivit
sa route et franchit la Meuse. Elle se trouvait dès lors
hors du territoire royal. Colin le bâtard et quelques
compagnons, avertis et encouragés par Mehaut, s'ar-
mèrent et se mirent à la poursuite d'Ysabelle, dont
ils se saisirent et la conduisirent à Sorcy, où elle fut
logée chez le frère de Mehaut, Milet de Naives. Le
lendemain, le bâtard de Foug fit sa demande en
mariage, qui fut repoussée; toutefois Ysabelle, effrayée
des menaces de son admirateur, qui jurait qu'il la
mènerait en tel lieu que les siens ne pourraient jamais
la retrouver, consentit à se fiancer avec lui, à condition qu'on la reconduirait à Vaucouleurs. Sur ce,
apparition de Mehaut, qui vient dire à Ysabelle que
son père est à Ugny, près du chevalier Colard de
Foug, son époux, qu'ils se sont accordés, et lui offre
de la ramener, *dans son chariot*, à Vaucouleurs.
Ysabelle accepte et *monte sur un cheval*. Mais aussitôt qu'elle fut sortie de Sorcy, le bâtard et ses gens
la reprennent et la conduisirent, *tant de jour que de
nuit*, à Villey-Saint-Etienne, entre Toul et Liverdun,

où elle passa six jours chez un écuyer, nommé Raoul.
Elle y fut, paraît-il, bien traitée et respectée. Heureusement pour elle que Colard de Foug était, sur les
entrefaites, revenu de Paris. Soit qu'il désapprouvât
la conduite de sa femme et de son fils, soit, chose plus
probable, qu'il redoutât les représailles des officiers
du roi que la captive avait réussi à faire avertir, il
s'empressa de venir à Villey chercher Ysabelle, pour
la reconduire à Vaucouleurs. Mais celle-ci, qui savait
ce que valaient les promesses de la femme, ne voulut
pas accorder sa confiance au mari, et se remit entre
les mains des officiers du roi, mis en mouvement par
le bailli de Chaumont.

Mehaut de Naives fut emprisonnée, ses biens saisis;
elle fut graciée, et obtint les lettres de rémission qui
constituent la pièce XVI.

Toutefois, les tribulations de la pauvre Ysabelle
n'étaient point terminées. Le bâtard, qui était décidé-
ment un adorateur entêté, continua à poursuivre sa
belle de ses assiduités, sous forme de chevauchées
autour de la prévôté de Vaucouleurs, et jusqu'à Neufchâteau et lieux environnants, dans l'espérance de
trouver l'occasion d'un nouvel enlèvement. En même
temps, le seigneur de Beaurain, prétendant s'être
entremis et avoir fait de notables frais pour la délivrance d'Ysabelle, lui avait adressé des réclamations
comminatoires pour le cas où elle aurait la prétention
de s'adresser à la justice prévôtale. Si bien qu'Ysabelle
qui s'était d'abord réfugiée à Neufchâteau, effrayée
des poursuites du bâtard et des menaces du sire de
Beaurain, vint demander protection aux autorités de
Chaumont.

D'où le mandement de Charles VI, donné aux grands jours de Troyes, le 19 octobre 1409, pièce XIX. Quel était ce Loïon de Puligny, ou Louis de Pulengy, et entre les deux orthographes laquelle devons-nous choisir?

S. Luce dit, dans une note de la page 24:

« Ce bourgeois de Vaucouleurs, probablement le « père de Bertrand de Poulangy, l'un des compagnons « de Jeanne d'Arc dans le trajet de Vaucouleurs à « Chinon, est appelé *Ludovicus de Pulengy*, dans un « mandement en latin du 19 octobre 1409. L'origine « touloise, attribuée ici au père de Bertrand, semble « indiquer que cette famille tirait son nom de Puli- « gny, Meurthe, arrondissement de Nancy, canton de « Vézelise. »

L'intuition de S. Luce est fondée. Louïon de Puligny figure au nombre des témoins des reprises faites par Ferry de Lorraine, comte de Vaudémont, et les gentilshommes du Comté, en 1394, à Henri de Bar, fils de Robert duc de Bar, à Vaudémont, Vézelise et Toul. Louïon de Pouligny n'est pas cité parmi les nobles, francs-hommes et bourgeois de Vaudémont et Véze- lise, qui font hommage, dans ces deux localités, puis à Toul. Cependant, il y a apparence qu'il était noble. A la comparution des bourgeois et francs-hommes de Vézelise dans l'acte de reprises, on lit « présens ad ce nobles hommes, Mess. Jehan de Grancey, Cheva- lier, Aymé de Saarbruche, escuier, Mess. Jacques d'Amance, Mess. Philebert le Duret, Mess. Jehan le bastard de Wademont, chevaliers, Erard d'Issey, maistre Regnault de Gondrecourt, bailli de Bar, mais- tre Clarin de Crespy, secrétaire dud. Mons. le duc de Bar, Maury, chambellain, Martin Wichart, *Louïon de*

6

Pouligny, bourgeois de Toul et grant multitude
d'autres nobles et non nobles ».

Dans cette nomenclature, il ne faut pas comprendre
que l'énumération des nobles s'arrête à Erard d'Issey,
sous le prétexte que ceux qui suivent ne sont pas
chevaliers, dénomination qui s'applique, au contraire,
à tous ceux qui précèdent. D'abord, Aymé de Saarbruche n'est pas chevalier, puisqu'il est qualifié seulement d'*escuier*; puis le mot de *chevaliers*, au
pluriel, qui suit le bastard de Wadémont, s'applique
évidemment aux trois personnages précédents. Nous
savons que maître Regnault de Gondrecourt, bailli
de Bar, a été anobli par le duc Robert, le 23 juillet
1363. Clarin de Crespy, secrétaire, et Maury, chambellain du duc de Bar, étaient évidemment nobles. La
qualification de « bourgeois de Toul » doit-elle s'appliquer à Martin Wichart et à Louïon de Pouligny, ou
à ce dernier seulement ? Nous ne savons. La qualité
de bourgeois de Toul n'était pas exclusive de celle de
noble. Il y avait à Toul un certain nombre de nobles,
dont beaucoup étaient vassaux de l'évêque, seigneur
temporel.

Il est plus que probable que Louïon de Puligny
n'avait plus d'intérêts à Puligny, ou bien que, s'il y
était possesseur d'un fief, ce fief ne relevait pas du
comte de Wadémont. En effet, il ne prête pas serment
au duc de Bar; il n'est donc vassal ni sujet du comte
de Wadémont et du duc de Bar. Toutefois, il avait
sans doute encore dans le pays des relations de
parenté; sa famille et lui-même peut-être y avaient été
des personnages notables; il est donc naturel qu'il ait
été convoqué à cette assemblée solennelle comme

témoin et certificateur des droits et redevances féodales dont il s'agissait de consacrer l'existence.

L'une des raisons qui l'avaient fait quitter Puligny était, selon toute probabilité, son mariage avec Ysabelle, *native de Toul*. Son entrée dans une famille de bourgeois de Toul, sa résidence dans la ville, en avait fait un citoyen, un bourgeois de Toul.

A la suite de quelles circonstances a-t-il lui-même ou sa veuve quitté Toul pour venir se fixer à Vaucouleurs ? Nous l'ignorons. Mais il ne fait pas de doute pour nous que le Louis ou Léon de Puligny dont est veuve Ysabelle s'appelait bien de Puligny, d'un village voisin de Vézelise, d'où sa famille tirait son origine.

Dans ces conditions, il faudrait expliquer la leçon « Ludovico de Pulengy » par une erreur matérielle du scribe qui a rédigé le mandement et a écrit *Pulengy* au lieu de *Pulegny*. Il faut dire, d'ailleurs, qu'au moyen âge, l'orthographe et la prononciation des noms propres était tout ce qu'il y avait de plus flottant : cela ne tirait pas à conséquence. André de Joinville s'écrivait très bien Andreu de Jainville, le sire de Bauffrémont devient de Beffromont ; dans notre contrée le seigneur de Clairmont (Clarimontis) est devenu de Clefmont, et ce qu'il y a de plus fort, c'est qu'il a mis une clef dans son blason !

Il n'y aurait rien de surprenant que Loïs de Puligny ayant été fait Pulengy par un scribe, son fils Bertrand de Puligny soit devenu Bertrand de Pulengy, de Poulengy, comme nous le trouvons orthographié dans les chroniques et dans l'interrogatoire du procès de réhabilitation de Jeanne d'Arc.

On ne peut pas se prononcer avec une certitude
absolue. Néanmoins voilà une foule de faits concor-
dants qui permettent de croire à la filiation de Bertrand
de Poulengy et de Loïs de Pulengy ou plutôt de
Puligny. Lors du procès de réhabilitation, Bertrand
se dit âgé de 63 ans ; l'enlèvement de sa mère
Ysabelle par Colin, bastard de Foug, est de 1407,
époque à laquelle Bertrand aurait eu quatre ou
cinq ans. De son témoignage il résulte qu'il résidait
depuis assez longtemps dans le pays de Vaucouleurs ;
il en connaissait les localités et les habitants, puisqu'il dit connaître de longue date les parents de
Jeanne et Jeanne elle-même. Ceci n'est pas le fait d'un
soldat errant de garnison en garnison.

Enfin n'oublions pas que Bertrand de Poulengy
était noble et chevalier (nous avons admis que son
père était de noblesse). Or, nous ne trouvons aucune
trace d'un fief à Poulangy, qui était entièrement
possédé par l'abbaye, fief auquel nous puissions rat-
tacher l'origine familiale de Bertrand.

Nous sommes donc induit à conclure que Bertrand,
dit de Poulengy, était fils de Loïs de Puligny, bourgeois de Toul et d'Ysabelle, native de Toul, et que
son nom exact était Bertrand de Puligny. Il ne nous
semble pas que rien s'oppose à cette rectification
historique.

Jean de Nouillompont, compagnon de Jeanne d'Arc.

Le 1er février 1325 (N. S.) Jehan de Nouillompont,
fils de Thiébault de Rouvroy, fait, au comte Edouard

de Bar, le dénombrement de ce qu'il possède à Domremy-aux-Bois (près Commercy) et qui lui avait appartenu en franc-alleu, propriétés pour lesquelles il se
déclare son homme, lui et ses hoirs. (Arch. de Meurthe-et-Moselle, B. 391, f° 125.)

Philippin de Fains, bailli de Bar, neveu de Thierry
de Longeville, chevailli, a eu deux femmes qu'il nomme dans son testament : la première s'appelait *Jeannette de Nouillompont....* (Chroniques du règne de
Robert de Bar, par Servais), 2ᵉ moitié du XIVᵉ siècle.

Nouillompont est un village situé près de Chastillon,
non loin de Longuyon, et à peu de distance de
Verdun.

Il y avait donc dès le commencement du XIVᵉ siècle
et dans le cours de ce siècle une famille du nom de
Nouillompont. Cette famille faisait partie de la
noblesse barroise.

Jean de Nouillompont, dit de Metz, descendait-il de
cette famille ?

S. Luce, *Jeanne d'Arc à Domremy,* Preuves XCV,
p. 143, note 3, dit que Jean de Metz n'était pas noble ;
qu'il fut anobli en mars 1449, par Charles VII (p. 160,
note 6). Cependant, il rappelle qu'il avait un domesti-
que, Jean de Honnecourt, attaché à sa personne.
S. Luce, d'après de Bouteiller et de Braux, *Nouvelles
recherches.* p. XXVI, dit que Jean de Metz avait d'abord
été au service de Jean de Wal, capitaine et prévôt de
Stenay. Cette ville n'est pas éloignée, en effet, de
Nouillompont. Il n'est pas étonnant que Jean de Metz,
qui n'avait que 24 ans lors du voyage de Chinon, ait

6.

débuté dans les armes sous les ordres du prévôt de Stenay.

Le titre d'anoblissement provient de Quicherat, V, p. 363. Jean de Novyllompont, alias de Metz, y est ainsi qualifié « *qui liberæ conditionis fore dicitur* ». Il n'y a là qu'un rappel de notoriété et non un renseignement précis.

Quicherat dit qu'il était appelé de Metz parce que Nouillompont faisait partie du domaine de Metz. Je ne le crois pas. L'histoire du duc Robert de Bar (Chroniques, de Servais) mentionne en 1395 des opérations autour de Nouillompont qui est occupé par ses troupes. Or, il ne s'agit pas d'une guerre contre les Messins, mais contre les *Allemands*, c'est-à-dire les seigneurs de Boulay, Meissembourg et autres. Les bases d'opérations, d'ailleurs purement défensives du duc de Bar, étaient alors Briey, Longwy, Longuyon, Etain.

Nouillompont devait relever de la châtellenie de Chastillon qui appartenait au duc de Bar. Si donc, dans la campagne de 1395, Nouillompont a été occupé par le duc de Bar, c'est parce que cette place lui appartenait, et non parce qu'elle avait été conquise sur le territoire messin (1).

Le surnom de Jean de Metz doit donc lui provenir d'une circonstance qui nous est inconnue, et non parce qu'il était sujet messin.

On peut conclure que selon les plus grandes pro-

(1) Cf. la carte de la Lorraine et du Barrois par Jaillot, 1704, où Nouillompont est bien porté dans le duché de Bar, et loin du pays messin.

babilités Jean descendait bien de la famille noble barroise de Nouillompont. Comment se fait-il qu'il ait été anobli par Charles VII ? Jean qui n'était pas du Barrois mouvant, par conséquent pas sujet médiat du roi de France, a-t-il sollicité cette faveur comme une sorte de haute naturalisation française ? C'est à quoi il nous est impossible de répondre, aucun autre exemple d'un fait semblable n'étant à notre connaissance.

En tous cas, Jean de Nouillompont devait avoir bien déchu de la situation qu'avait possédée sa famille, notamment à Domremy-aux-Bois (1). Cette localité, située dans le Barrois mouvant, proche de Commercy, était à faible distance de Gondrecourt. Si Jean de Nouillompont y avait conservé le fief familial, la chose aurait été assez notoire pour avoir laissé quelque trace dans les documents du temps, et cet homme d'armes ne nous aurait pas apparu sous l'aspect d'un officier de fortune, qui était à vrai dire son état dans la garnison de Vaucouleurs.

(1) et à Rouvroy, fief principal.

II

Psychologie.

Jeanne d'Arc est, comme toutes les personnes de son temps, très religieuse, très dévote, et même adonnée aux pratiques de dévotion avec quelque exagération, puisque ses compagnes la plaisantaient à ce sujet. Mais il ne faudrait pas juger ces pratiques avec nos yeux d'aujourd'hui.

« Au quinzième siècle, dit Vallet de Vivi-
« ville *(Hist. de Charles VII),* la religion était
« semblable à l'air, que nous respirons en
« commun. Il n'entrait dans l'esprit de per-
« sonne de supposer, à cet égard, qu'un
« autre élément de vie fût possible. Personne
« ne songeait même à prendre une partie
« quelconque de cet élément, pour le sou-
« mettre à une analyse critique. » Un chroniqueur du moyen âge, de passage à Langres,

y est frappé de la piété des habitants : les artisans et ouvriers vont, dit-il, entendre la messe tous les matins, avant que de se rendre à leur besogne.

Dans son procès, Jeanne témoigne d'une instruction religieuse supérieure à celle des filles de la campagne d'aujourd'hui. On était très religieux dans la famille de sa mère. Son oncle était curé de Sermaize. Sa mère portait le surnom de *Romée*, attribué, dit-on, à ceux qui avaient fait le pèlerinage de Rome. On la trouve, peu après l'arrivée de sa fille à Chinon, en pèlerinage au Puy, où elle s'est rencontrée avec le moine Pasquerel qui devait devenir l'aumônier de Jeanne d'Arc. Isabelle Romée était donc une personne d'une grande dévotion, qui a certainement élevé sa fille dans des idées et des pratiques religieuses plus développées que celles des gens de la campagne de ce temps.

Jeanne assiste à tous les offices, sans doute comme ses compagnes ; mais, en outre, lorsqu'elle le peut, elle fait de fréquentes prières dans sa paroisse, ainsi que dans les églises et chapelles du voisinage. Elle arrivera même à se mettre en prières en pleins champs.

Ces habitudes indiquent un penchant au mysticisme. Comme telle, elle doit se laisser aller à la contemplation. Ses visites répétées dans les églises en sont forcément l'occasion. De là à l'extase il n'y a qu'un pas. Il est donc naturel qu'un jour, dans la ferveur d'une prière, elle soit tombée dans ce ravissement vague, accusé par les extatiques, où il leur semble ne plus sentir leur corps, perdre la notion des choses extérieures, et percevoir souvent des hallucinations confuses de la vue, lueurs, clartés, auréoles... etc... C'est bien là le tableau qu'elle donne elle-même dans ses interrogatoires.

Elle convient qu'elle peut provoquer l'état d'extase : si les saintes ne viennent pas d'elles-mêmes, elle les appelle. En effet, après une ou deux premières extases, le sujet, porté à renouveler cette sensation agréable, la rappelle par auto-suggestion, la cultive, la développe et y apporte les additions que lui suggèrent les objets habituels de ses méditations. Les hallucinations se perfectionnent et envahissent les autres sens, l'ouïe surtout, et même le toucher. Aux lueurs, aux éclairs de lumière succèdent la vue des saints et des anges, l'audition de leurs paroles.

Cependant, si on lit attentivement les interrogatoires de Jeanne d'Arc, on constate facilement que ses perceptions demeurent
vagues, confuses. Aux premières questions
elle éprouve un embarras visible, une grande
répugnance à répondre. Il est manifeste
qu'elle ne s'était jamais encore livrée elle-
même à l'analyse minutieuse que réclament
ses juges. Les points sur lesquels elle est
précise et constante, c'est, quant à la vue,
une grande clarté qui vient de côté, et quant
aux paroles, l'ordre impulsif : « Va, fille de
Dieu, va ! » « Va ! réponds, hardiment ! » Pour
ce qui est des autres détails, il semble qu'ils
ne résultent que d'un travail intellectuel
postérieur. Ce sont les questions elles-mêmes
qui suggèrent la réponse : « Comment était
saint Michel ? » — « Il avait l'air d'un prud-
d'homme. » Ce qu'on est convenu de traduire
par chevalier en armes, d'après le langage
du temps. « Les saintes portaient-elles une
couronne, de belles robes ; sentaient-elles
bon ? » — « Bien sûr, répond Jeanne avec
une sorte d'indignation à la pensée qu'on pût
les supposer inférieures aux reines et aux
duchesses. »

Il est très intéressant de remarquer les ter-

mes par lesquels Jeanne définit ses communications célestes. Au début ce sont *ses
voix* ; plus tard seulement, quand elle aura
perfectionné l'interprétation de ses sugges-
tions, ce sera son *Conseil*. Il semble même
que ce dernier terme ait été fortuitement
déterminé par ses premières discussions
avec les capitaines, au sujet des opérations
militaires. Lorsqu'ils lui opposaient les déci-
sions de leur *Conseil :* « Eh ! bien, répondait-
elle, mon *Conseil* à moi est meilleur que le
vôtre. »

Mais le phénomène qui la frappe et domine
ses impressions, c'est l'hallucination audi-
tive. Elle prête moins d'attention à la lueur
qui lui vient de côté ; ce n'est que dans son
procès qu'elle certifie la concomitance des
deux phénomènes. Elle n'a donc vu aucune
apparition distincte pendant quelque temps,
et encore plus tard n'y a-t-elle attaché qu'une
importance secondaire, d'où ses embarras
lorsqu'on lui demande à Rouen de décrire
saint Michel et les saintes. Elle se sert du
terme de *voix,* parce qu'elle avait surtout
des impressions auditives.

Il faut donc séparer ce qui constitue le
phénomène pur de l'extase, avec ses hallu-

cinations imprécises, du travail ultérieur d'interprétation, de représentation qu'elles provoquent.

Nous voyons que le sujet des visions de Jeanne n'est nullement une préoccupation religieuse, mais très nettement une inquiétude patriotique. Elle ne pense pas le moins du monde à fonder des couvents comme sainte Thérèse, à les réformer comme Colette de Corbie, à ramener le pape à Rome comme Catherine de Sienne. Bien plus, consultée sur le schisme qui partage la chrétienté entre trois papes rivaux, elle laisse voir que c'est, pour elle, une question d'ordre secondaire. Elle a bien, plus tard, adressé une lettre aux Hussites ; mais c'est probablement une idée qui lui a été proposée par son aumônier Pasquerel, ou le frère prêcheur Richard.

A sa première apparition, elle se demande quel est le personnage divin qu'entoure cette clarté qui frappe ses yeux, et, naturellement, elle, qui, dans ses prières, pour le royaume de France, a souvent imploré l'intercession de l'archange protecteur de ce royaume, elle pense tout de suite à saint Michel. Saint Michel lui commande : « Va ! va, fille de

Dieu ! » Où ? sinon accomplir cette prophétie, qui hante alors les cerveaux affolés du pauvre peuple, depuis plus de cinquante ans première et misérable victime de la guerre indéfinie : une vierge du peuple sauvera le royaume !

Et plus tard, à qui attribuer ces lumières célestes et ces voix qui lui répètent : « Va, fille de Dieu, va hardiment ! », sinon à ses saintes à elle, à sainte Catherine et sainte Marguerite, celles dont les statues se trouvaient dans l'église de Domremy ou les églises voisines, celles dont elle a maintes fois invoqué la protection pour elle-même, et qui la guideront dans la mission que Dieu lui confie.

L'évolution de l'hallucination est la même chez les extatiques que chez les aliénés, où elle est plus facile à suivre. Le lypémaniaque entend pendant longtemps qu'on dit du mal de lui, qu'on lance contre lui des accusations infamantes, avant de savoir ce qu'on dit et qui le dit ; en d'autres termes, il lui faut un travail intellectuel prolongé pour *trouver son persécuteur*. Il en est de même des apparitions des victimes de la folie religieuse. Ils voient Dieu ou le diable, mais sont fort embarrassés d'en donner la description.

Quand j'étais étudiant, je suivais avec mes camarades une conférence que nous faisait un médecin de Maréville. Un jour, il nous montra une femme qui voyait le Christ, et en recevait des révélations. Notre professeur insistait en vain pour lui faire dépeindre la figure du Christ. « C'est le plus beau des enfants des hommes, » répondait-elle, et ne sortait pas de là. Elle ne pouvait rien dire de sa taille, de ses vêtements, de la couleur de ses yeux, de ses cheveux, de sa barbe, etc... Alors le médecin l'invita à nous regarder et dire si l'un de nous lui rappelait sa vision. Or, un de nos camarades portait des cheveux longs et une barbe blonde, avec un visage assez doux. Il était placé à l'extrémité de notre rangée, si bien que ce ne fut qu'en dernier lieu que la malade l'aperçut. Elle manifesta instantanément un trouble profond et s'exclama, au grand embarras de notre collègue, que si elle ne se savait au milieu d'étudiants elle croirait être en présence du Sauveur lui-même.

Cette femme était intelligente : il lui était facile de se représenter le Christ sous les traits d'un homme blond, ou brun, ou roux, selon la tradition, et nous le dépeindre tel. Mais ses apparitions étaient demeurées absolument vagues, et la précision ne s'est faite que lorsqu'elle s'est trouvée en face d'une personne dont la physionomie rappelait un peu les portraits qu'on rencontre dans toutes les églises. Je suis convaincu que le même phénomène se serait produit si, au lieu d'un blond, ses yeux eussent rencontré un brun à longue barbe, et physionomie sympathique.

Avant l'époque du procès de Jeanne, nous n'avons aucune donnée précise qui nous permette de savoir si la représentation de ses saintes, et le détail de leur conversation, était chose arrêtée dans l'esprit de Jeanne d'Arc. Nous référant aux hésitations qu'elle manifeste devant les questions de ses juges, nous nous croyons autorisé à admettre que ce n'est que pour leur répondre qu'elle chercha à s'en rendre un compte plus précis qu'elle n'avait fait jusqu'alors.

Le seul témoignage un peu authentique que nous ayons sur ce sujet, est le récit d'une entrevue qu'elle eut avec le roi en présence de trois ou quatre personnes, et où Charles VII lui demanda s'il pourrait voir lui-même les saintes. Jeanne consentit à s'y essayer et se mit en prière : aussitôt elle tomba en extase. Elle avait le visage levé vers le ciel et l'assistance fut frappée de la transfiguration de sa physionomie. Jeanne paraît avoir cru que le roi avait également vu les saintes, si l'on s'en rapporte à son interrogatoire, mais le chroniqueur qui narre l'incident ne parle que de l'aspect de Jeanne, qui est bien le tableau de l'extase.

D'ailleurs, il ne faut pas perdre de vue que, dès le début même de la mission de Jeanne d'Arc, sa légende était en pleine formation, qu'on lui attribuait toutes sortes d'actes et de prédictions merveilleuses, qu'il y a donc lieu de se défier des racontars des chroniqueurs. Il est plus sage, pour tout ce qui concerne les *Voix* de la Pucelle, de ne tabler que sur l'interrogatoire de Rouen.

En résumé, Jeanne d'Arc, adonnée à des pratiques de dévotion mystique, aurait été sujette à des extases avec hallucinations vagues de la vue et de l'ouïe, extases qu'elle provoquait par auto-suggestion, et que ses angoisses patriotiques ont traduites en impulsions belliqueuses où elle voyait le salut de son pays.

Il ne faut voir là ni miracles, ni folie. Tranchons la question de folie d'un mot : Aucun chroniqueur n'a relevé dans ses actes un seul geste, un seul mot d'incohérence. Une folle n'eût pu demeurer deux ans au milieu des excitations puissantes de la guerre, des luttes qu'elle eut à soutenir contre les politiciens de l'entourage de Charles VII, des émotions terribles de son procès, sans tomber dans des périodes d'agitation maniaque qui n'auraient pu passer inaperçues des plus ignorants de ses contemporains.

Quant au caractère divin et miraculeux de la mission de Jeanne d'Arc, c'est une hypothèse que peuvent réclamer certains esprits pour la satisfaction de leurs sentiments religieux; mais cette hypothèse n'est nullement nécessaire, et il est facile de comprendre Jeanne d'Arc et son histoire, en en élaguant tous les éléments légendaires et douteux.

Il n'est pas besoin pour cela de se ranger derrière les historiens qui ont émis l'opinion que Jeanne n'avait été qu'un instrument entre les mains de certains religieux. S. Luce, qui a fait des travaux remarquables sur l'histoire des moines franciscains, a peut-être vu trop facilement leur action partout. Un argument de poids à ses yeux est la reproduction des mots *Jhésus, Maria*, sur l'étendard de Jeanne d'Arc, et sur ses lettres, selon le culte que venaient de répandre les franciscains en Italie et en France, notamment.

Cela ne pourrait à la rigueur prouver qu'une chose, c'est que Jeanne a adopté ces inscriptions sur l'inspiration des prêtres qui l'entouraient. Admettons que ce soit aussi en vertu de cette vogue religieuse que l'anneau donné à Jeanne par ses parents portait la même inscription. Cela ne démontre pas qu'à Domremy ou Neufchâteau elle ait été en relations assez suivies avec un moine franciscain pour que celui-ci l'ait convaincue qu'elle était désignée par Dieu pour combattre les Anglais.

Malgré l'insistance de ses juges, elle se défend énergiquement et opiniâtrement d'avoir obéi aux conseils de qui que ce soit, d'avoir subi aucune influence étrangère. Dans son histoire avant Chinon, on ne voit aucun prêtre jouer près d'elle un rôle autre que le rôle modeste de confesseur ou de curé de village.

On a insinué qu'elle avait été suggestionnée sans s'en douter. Mais outre qu'il n'est resté avant Chinon aucune trace historique du suggestionneur, personne n'était moins suggestible que Jeanne. Elle était très volontaire, entêtée même, elle n'avait foi qu'en son propre jugement (qu'elle croyait celui de ses saintes) (1). Toute son histoire le prouve à chaque page. A Orléans, à Jargeau, elle donne l'assaut contre l'avis des autres commandants ; le voyage de Reims, le siège de Troyes, l'attaque de Paris, sont son œuvre exclusive. En outre, Jeanne était elle-même douée d'un pouvoir de suggestion très remarquable. Des capitaines, assez humiliés d'abord de voir une femme dans leurs rangs, lui témoignent rapidement une confiance aveugle et inébranlable ; elle inculque aux soldats sa foi dans la victoire, elle rallie les troupes débandées, les ramène à l'assaut, et décide du succès à l'instant que tout semblait perdu. A la fin elle tiendra tête à ses juges pendant près de cinq mois, luttant contre la fatigue physique, la maladie et les tortures morales, sans montrer un instant de faiblesse. Et c'est cette créature supérieure, cette femme d'action, si l'on peut dire, que l'on veut faire

(1) [V. la lettre de Regnauld de Chartres aux Rémois, sur la prise la Pucelle] : « *elle ne vouloit croire conseil, ains faisoit tout à son plaisir* ».

passer pour suggestible, pour le jouet débile
et inconscient des moines mendiants ou des
machiavels de la Cour! C'est méconnaître les
notions les plus élémentaires de la psycho-
pathologie.

Jeanne croit à la divinité de sa mission;
cela ne fait aucun doute. Elle ne pouvait pas
ne pas y croire. A cette époque, et à ses propres yeux comme à ceux de tous ses contemporains, elle ne pouvait être que l'envoyée de
Dieu ou le suppôt du diable. Les Français
penchaient pour la première hypothèse, les
Anglo-Bourguignons pour la seconde. Frère
Richard, le franciscain, était de cet avis, lorsqu'il s'avançait vers Jeanne, devant Troyes,
en faisant les gestes de l'exorcisme. Baudricourt et le curé de Vaucouleurs, de même,
lorsqu'ils vinrent l'exorciser.

Jeanne n'avait aucune raison de penser que
le diable pouvait avoir l'idée de sauver le
royaume de France : Dieu seul était capable
de cette intention ; Dieu seul devait vouloir
délivrer le roi et le peuple de tous les mal-
heurs qui l'accablaient depuis de si longues
années. C'est lui seul qui envoyait vers elle
les anges et les saintes lui révéler que c'était

elle qui était désignée par la prophétie : Le royaume de France sera sauvé par une femme. C'est à la volonté de Dieu seul qu'elle pouvait attribuer ces auréoles et ces voix qui disaient : « Va ! va, fille de Dieu ! »

Non seulement Jeanne croyait à sa mission divine, mais si elle n'y avait pas cru, elle aurait été incapable de faire ce qu'elle a fait. Le seul sentiment patriotique aurait été impuissant, car ce sentiment n'existait chez elle qu'à l'état confus. Ce n'est qu'à notre époque, et encore sans remonter au-delà de la Révolution, que nous trouvons ce sentiment assez formé et précisé pour créer à lui seul un mobile de sacrifice.

Certes, on peut se figurer que nos populations de l'Est, victimes depuis les temps les plus reculés des guerres que se livraient les races sur leur territoire, ont pressenti avant les autres régions de la France les aspirations du patriotisme. On comprend que ses revendications aient trouvé dans le pays de Jeanne d'Arc un terrain d'éclosion spécialement préparé. Jeanne d'Arc elle-même avait vu ses parents frappés par la guerre ; avec ses concitoyens, elle avait dû fuir jusqu'à Neufchâteau devant le pillage et l'incendie.

Il y a loin cependant entre le désir de vengeance, la frayeur et l'horreur de la guerre, la *grande pitié* soulevée par l'infortune du Dauphin, accablé sous le poids des victoires anglaises, et ce sentiment qui vous pousse à faire le sacrifice de votre vie pour le salut de votre pays. Tout ce que pouvait la pauvre Jeanne était de prier ardemment Dieu, la Vierge, l'archange saint Michel, et les saintes dont le nom et l'image lui étaient familières, pour qu'ils vinssent en aide à l'héritier de la Couronne, à ses malheureux sujets, en un mot, au royaume de France, *au saint royaume de France,* comme elle disait.

Non ! pour quitter sa famille, se mettre en la compagnie des hommes d'armes au risque de passer pour une ribaude, se présenter au roi, triompher de l'incrédulité, du mauvais vouloir, de la jalousie des courtisans et des capitaines, mener une armée au combat, monter à l'assaut, etc..., il fallait que Jeanne eût la conviction inébranlable qu'elle était l'envoyée de Dieu, et quoi qu'on ait pu écrire, quelque torture qu'on ait pu infliger aux documents de l'histoire, cette confiance elle l'a eue jusqu'à la dernière heure, avec un seul et court moment de doute, le jour de l'abjuration, lorsque pour la première fois elle se trouva en face du bourreau et du bûcher (1).

Les partisans de la divinité de la mission de Jeanne d'Arc pourraient m'objecter que je fais bon marché de faits qui paraissént incontestés, sur lesquels s'accordent et les interrogatoires du procès, c'est-à-dire les affirmations de Jeanne, et les récits des chroniqueurs, alors que ces faits ne peuvent s'expliquer d'une façon naturelle.

Il ne me semble pas que les faits en question aient la valeur indiscutable qu'on leur prête. Je passerai en revue les plus célèbres.

Jeanne a reconnu, sur l'indication de ses saintes, Robert de Baudricourt et Charles VII. Pour le premier, S. Luce a déjà fait observer que le père de Jeanne, Jacquot d'Arc, connaissait Robert de Baudricourt, près duquel il avait été chargé de représenter les intérêts des habitants de Domremy. Il avait fait certainement à sa famille le récit de son entrevue, et donné un portrait du gouverneur de Vaucouleurs. Rien d'ailleurs ne

(1) Voir Appendice I.

nous autorise à croire que celui-ci ait cherché à dissimuler sa personnalité à Jeanne. Il était entouré de quelques hommes d'armes ; mais il est bien évident que ces audiences devaient présenter quelque cérémonial, et qu'il ne devait pas être bien difficile de reconnaître quel était celui des personnages présents qui était le maître des autres. Jeanne, naïve paysanne, admise pour la première fois *en la chambre du roi*, selon l'expression en usage, a attaché à un fait assez simple une importance exagérée, et n'a pu se l'expliquer que par l'intervention de ses saintes.

Elle dit au procès que c'est grâce à cette intervention qu'elle reconnut le roi. Les chroniqueurs ont ajouté que le roi avait pris des habits communs et s'était dissimulé dans la foule des autres gentilshommes,... etc... Cette assertion peut être considérée comme faisant partie de la légende. Jeanne avait annoncé qu'elle reconnaîtrait, et déclara qu'elle avait reconnu le roi comme elle avait reconnu de Baudricourt. Ce fait a été ensuite enjolivé par les contemporains et les chroniqueurs. Nous ne pouvons donc savoir si réellement le roi a usé de ruse. Mais ici

encore on fera pour Chinon la même remarque que pour Vaucouleurs.

Durant son voyage avec Jean de Metz,
Bertrand de Pulligny et Colet de Vienne, la
conversation n'avait pas été sans rouler sur
la personne du roi. S'il n'est pas certain
qu'il fût personnellement connu des deux
premiers, il l'était très probablement du troisième qui avait été envoyé comme messager
de Chinon à Vaucouleurs. Colet de Vienne,
qui venait de faire le trajet, servit de guide à
la petite troupe, et sut lui faire éviter les
passages dangereux. Il connaissait au moins
le portrait du roi par ouï-dire, et ce portrait
tel que nous l'ont laissé les chroniqueurs
était caractéristique. Charles VII était loin
d'être un bel homme ; il avait la tête grosse,
le corps étriqué et les jambes cagneuses ;
son abord marquait la froideur et la défiance.
A supposer qu'il ait cherché à se dissimuler
derrière quelques assistants, sur cette description, il ne devait pas être malaisé de le
dépister.

Le fait le plus extraordinaire est certainement celui de l'épée de Sainte-Catherine
de Fierbois. En venant à Chinon, Jeanne
s'était arrêtée à la chapelle de cette sainte,

d'abord parce qu'elle était consacrée à l'une
de ses protectrices, ensuite, parce qu'elle
jouissait d'une grande renommée auprès des
gens d'armes. Depuis une époque reculée,
les guerriers y avaient déposé des ex-voto ;
on n'y voyait qu'armures accrochées, et la
tradition voulait que Charles Martel y eût
suspendu l'épée qui venait de vaincre les
Sarrasins. La vue de cette chapelle, les récits
fabuleux qui lui furent faits durent fortement
impressionner Jeanne. De là, par la suite,
lorsqu'elle s'équipa, le désir de posséder
l'épée d'un des illustres chevaliers qui y
avaient laissé leurs armes. Quelles traditions
avait-elle recueilli de la bouche des prêtres
attachés à la chapelle, sur quoi s'est-elle inconsciemment basée pour envoyer demander
de Tours une épée enterrée devant ou derrière l'autel? Il n'est rien dans les documents
historiques qui puisse permettre à cet égard
une supposition de quelque fondement. Nous
n'avons que deux constatations à étudier.

1º L'épée était à peine recouverte de terre, et
la rouille qui l'encroûtait se détacha facilement aux premières frictions. 2º Cette épée
se brisa par la suite sur le dos d'une ribaude.
Ces faits pourraient s'expliquer ainsi : Il s'agit

d'une épée appartenant à l'un des trophées suspendus dans la chapelle et enfouie ensuite depuis peu dans le sol. Elle ne faisait pas partie d'une sépulture ancienne, sans quoi elle n'aurait pas été trouvée à la superficie, et, en second lieu, elle aurait été rongée par une rouille profonde, ce qui l'eût rendue inutilisable. La rouille superficielle et peu adhérente prouve un enfouissement récent. Cependant le fer devait, au moins par endroits, avoir été attaqué par une oxydation lente, pénétrant peu à peu l'épaisseur du métal, ainsi que cela se produit dans les objets exposés dans une pièce humide ; c'est pourquoi l'épée s'est cassée à la suite d'un coup d'estoc, appliqué sur un corps aussi peu dur que le dos d'une ribaude.

Cette explication tendrait à faire croire à quelque supercherie des prêtres de Sainte-Catherine, désireux de voir porter à Jeanne une arme en quelque sorte consacrée. Je n'y attache qu'une faible importance, et n'en veux retenir ceci, c'est que la nature miraculeuse de la découverte de cette épée n'est rien moins que suspecte. Je dois d'ailleurs faire observer que Jeanne, bien qu'elle ait déclaré avoir reçu sur la présence de l'épée les indications de ses saintes, ne l'estimait pas supérieure à un autre. Elle affirme qu'elle ne la croyait pas *enchantée* (fortunata) ; elle ne se rappelle pas quand et comment elle cessa de s'en servir, dit que ce n'est pas celle-là qu'elle offrit en ex-voto avec ses autres armes à l'abbaye de Saint-Denis ; enfin qu'elle prisait surtout une épée, enlevée à un Bourguignon, avec laquelle on pouvait donner de *bonnes buffes* et de *bons torchons*.

Jeanne a fait de nombreuses prophéties, qu'elle attribuait, comme de juste, à ses saintes. Certaines se réalisèrent ; mais les plus importantes, notamment le temps assigné à l'évacuation anglaise, furent contredites par les événements. On a attaché beaucoup de valeur à la prédiction de ses blessures. Cependant, quoi de plus naturel qu'un soldat suppose qu'il pourra être blessé. Mais ce n'est pas pour annoncer simplement sa blessure que Jeanne prophétise ; c'est pour affirmer qu'elle mènera quand même à bien sa mission, car si elle est blessée, elle guérira. C'est une manière encore de soutenir qu'elle est l'envoyée de Dieu, qu'en conséquence les accidents inévitables de la guerre ne l'atteindront pas au point de mettre obstacle à son entreprise.

Tous les rêves et les pensées de Jeanne ne sont à ses yeux que les voix de ses saintes. Elle a pensé qu'elle pourrait être blessée, l'a été effectivement, mais a guéri facilement. Ses saintes lui ont donc annoncé qu'elle serait blessée et qu'elle guérirait. Vient ensuite la légende qui embellit l'anecdote. Ainsi elle reçoit, en montant à l'assaut, une pierre sur son casque; elle est renversée, mais n'est que très passagèrement étourdie. La légende transforme la pierre en bloc qui au contact du casque est réduit en miettes, alors que n'importe qui eût été cent fois broyé. Elle aperçoit sur la muraille un canonnier qui braque vers elle sa pièce: elle s'empresse de se jeter de côté, et d'avertir le duc d'Alençon du danger; un gentilhomme qui remplace le duc reçoit à sa place le coup mortel. Voilà la transformation légendaire d'un fait qui n'a rien de miraculeux; on oublie ce qu'était le canon et sa portée à cette époque; il était bien facile de voir à quelque 150 mètres dans quelle direction était pointée une pièce; avant que le feu n'y fût mis, on avait le temps de s'écarter.

Jusqu'ici, on le voit, nous n'avons pas vu de miracle dans l'histoire de Jeanne. Il n'y a qu'un seul fait qui ressemble de loin à ceux des saints de l'Eglise. C'est celui de l'enfant de Lagny ressuscité. Le procès de Jeanne nous en donne le récit de sa bouche. L'enfant avait trois jours, il était noir (*comme ma côte*) et n'avait jusque là donné signe de vie. L'intervention de Jeanne se borna à se joindre aux personnes qui priaient à l'église où l'enfant avait été exposé. L'enfant *bâilla* et respira, les couleurs commencèrent à lui revenir, il fut baptisé, mais mourut aussitôt.

Je ne crois pas que le cas prête à des difficultés d'interprétation. Il s'agit d'un enfant venu en état de mort apparente par asphyxie : il était *noir* (cyanosé). Pour qu'il ait vécu trois jours, il faut qu'il ait eu une respiration rudimentaire, susceptible d'entretenir les battements du cœur, mais insuffisante pour combattre l'asphyxie. Il a eu quelques bâillements, sans doute quelques hoquets, quelques inspirations, puisqu'il a paru reprendre une coloration plus naturelle; mais il avait été trop asphyxié pour se remettre et a succombé. Il est à peu près certain que personne dans l'assistance n'avait de connaissances suffisantes pour tenter de provoquer les mouvements respiratoires par la flagellation ou l'insufflation de bouche à bouche (1).

Jeanne elle-même ne paraît pas croire à un miracle, ou du moins se défend de s'en faire gloire. Interrogée si elle n'a pas entendu dire que le peuple lui attribuait le retour de la vie, elle répond qu'elle ne s'est pas préoccupée de le savoir.

D'ailleurs, même en admettant qu'il y ait eu miracle, à qui l'attribuer? Les femmes de Lagny n'étaient-elles pas en prière dès avant l'arrivée de Jeanne : il n'y a pas plus de raison de l'attribuer à Jeanne qu'aux autres.

Il est curieux de constater que Jeanne

(1) Ce dernier procédé n'était peut-être pas inconnu de certaines personnes : on remarque, en effet, dans les histoires d'enfants ressuscités que l'auteur du miracle *se couche sur l'enfant*. Il faut évidemment entendre qu'il se penche et applique son visage sur celui de l'enfant, pour souffler l'air dans sa bouche ; dans cette position cette dernière partie de l'opération peut échapper au public, frappé surtout du contact des corps, d'où l'expression que le saint *se couche sur l'enfant qu'il ressuscite.*

paraît par sa réponse se désintéresser de la question. Elle avait beaucoup de bon sens, et, en d'autres parties de son interrogatoire, nous la voyons peu disposée à s'emballer sur les prétendus miracles qu'elle accomplissait, sur les manifestations dont elle était l'objet. Elle répudie les histoires d'objets touchés par elle, retrouvés par elle ; si des personnes ont mêlé son nom à leurs prières ou aux cérémonies du culte, elle en décline la responsabilité. Elle a une réponse charmante et pleine de bonté : on lui reproche comme marques d'idolâtrie le fait de s'être laissé baiser les mains, toucher les vêtements, etc... Elle convient qu'elle aurait voulu empêcher ces manifestations ; mais les pauvres, et les enfants, pouvait-elle les repousser, elle qui était venue pour leur consolation ?

Le bruit fait autour d'elle avait tourné des têtes faibles. Des voyantes, des devineresses s'étaient présentées à la Cour. On les accueillait ; c'était logique. Puisque personne ne doutait que Dieu n'eût suscité Jeanne, il pouvait en susciter d'autres. Jeanne ne se laissait pas prendre à leurs simagrées. Jalousies de *saintes*, dit M. A. France, qui range sous ce vocable, dont on sent la méprisante pitié, Jeanne d'Arc, Catherine de la Rochelle, Perrine la Bretonne, le pâtre du Gévaudan, etc... Il est curieux de trouver l'illustre académicien en communauté d'idées avec le frère Richard, le moine mendiant, le père spirituel — le *beau-père*, disent ironiquement les chroniqueurs — du petit troupeau des illuminées. Jeanne ayant démasqué et signalé au roi la supercherie de Catherine de la Rochelle, chez laquelle il n'y avait, disait-elle, que folie et mensonge, le *beau-père* fut très *courroucé* contre Jeanne, ce qui prouve que sa superstitieuse crédulité ne faisait pas de différence entre l'héroïne d'Orléans et Catherine de la Rochelle, qui découvrait des trésors, ou le petit berger du Gévaudan qui portait aux mains, aux pieds et au flanc les stigmates des hystériques !

L'attitude de Jeanne en cette affaire nous montre son indépendance de jugement, et combien elle était peu femme à se laisser influencer par ce personnage qui ne dut ses succès près de ses naïfs auditoires qu'à de bruyantes et grossières prédictions sur la fin prochaine du monde et l'arrivée imminente d'un nouveau Messie !

Il y a aussi un fait de l'histoire de Jeanne d'Arc qui a été considéré, sinon comme miraculeux, du moins comme merveilleux, celui dit du *Signe*. Les chroniqueurs d'une part, le procès de l'autre, nous parlent d'un signe ou preuve que Jeanne donna à Charles VII pour lui démontrer la divinité de sa mission. Les deux sources qui nous renseignent à ce sujet sont aussi obscures l'une que l'autre.

Les chroniqueurs assurent que Jeanne donna au roi, en un entretien secret, certain renseignement qui le convainquit qu'elle était envoyée par Dieu. Un seul a précisé. Peu avant la venue de Jeanne, Charles, désespéré, se crut réellement abandonné de Dieu, probablement parce qu'il n'était pas véritablement fils de Charles VI, comme le bruit en courait, et comme pouvait le faire supposer l'exclusion à la succession du trône, prononcée contre lui par son père et sa mère, dans le traité de Troyes. Alors, seul dans son oratoire, il aurait adressé à Dieu la prière que s'il n'était pas fils du roi, partant indigne de la couronne, le Tout-Puissant lui accordât la grâce de se retirer en Ecosse ou en Espagne et d'y finir ses jours en simple seigneur. Or Jeanne lui aurait rappelé ce moment de désespoir, cette invocation, ignorés de tous, et lui aurait juré qu'il était bien le fils du roi et l'héritier légitime du royaume de France.

D'après ce dernier chroniqueur, ces détails auraient été recueillis de la bouche même du roi, par un gentilhomme de sa chambre, mais très longtemps après la mort de Jeanne.

On a cependant de nombreuses raisons de douter de l'authenticité absolue de ce récit dans toutes ses parties.

Premièrement nous savons, de la manière la plus pertinente, que Charles VII, à de nombreuses reprises, laissa percer, devant Jeanne elle-même, son manque de confiance en ses paroles et ses promesses : il n'avait pas la foi, cela ne fait de doute pour personne.

D'autre part, à Poitiers, — par conséquent postérieurement à ce prétendu entretien secret où elle aurait fait au roi la révélation probatoire, — comme les hommes d'église, chargés de l'examiner, objectaient à Jeanne que pour qu'on crût en la divinité de sa mission elle devait, selon la formule théologique, en donner *un signe,* elle répartit avec sa vivacité coutumière : « Mon signe est de faire lever le siège d'Orléans ! » Il lui était cependant bien facile d'invoquer le témoignage du roi, si la révélation qu'elle lui avait faite eût été une preuve aussi victorieuse qu'on l'affirme. « Donnez-moi des hommes d'armes, je ferai lever le siège, et alors vous serez convaincus. » Et comme l'examinateur lui répond : « Si Dieu veut sauver la France, et chasser les Anglais, il n'a pas besoin d'hommes d'armes. » « Les soldats combattront, et Dieu donnera la victoire, réplique-t-elle. » — Ne dit-elle pas plus tard, dans son procès, que sa victoire d'Orléans a été la preuve de sa mission. Tout cela ne démontre-t-il pas que le récit de la révélation susdite est faux ou transformé.

Car il est fort possible qu'il y ait un fonds de réalité dans cette légende. Charles VII a été certainement de bonne heure au courant des bruits qui couraient sur la légèreté des mœurs d'Isabeau de Bavière. En ce temps-là, les choses se disaient crûment comme elles se faisaient. Le monde de la noblesse et du clergé était peuplé de bâtards ; c'était si bien admis que les bâtards venaient immédiatement après les enfants légitimes dans la répartition des biens et des honneurs; le nom de bâtard était un titre. Rien d'invraisemblable par conséquent à ce que le dauphin se soit cru enfant adultérin. En le déshéritant, Charles VI et Isabeau n'en faisaient-ils pas la constatation publique ?

Si, d'autre part, nous notons que Charles VII observait avec la plus grande fidélité toutes les pratiques de la religion, qu'il leur accorda toute sa vie une place prépondérante dans ses actes de chaque jour, nous ne serons pas étonnés qu'il fût disposé à voir le doigt de Dieu dans son infortune persistante et progressive. On a attribué presque exclusivement à l'influence néfaste de ses conseillers la mollesse, l'indifférence, l'absence de volonté dont il donna tant de marques dans la première moitié de son règne. Ne pourrait-on pas aussi invoquer le découragement où le plongeaient ses doutes sur la légitimité de ses droits ?

Or Jeanne ne déclarait-elle pas qu'elle était chargée par Dieu de protester de la légitimité de ces mêmes droits, de rétablir sur le trône l'héritier légitime, de chasser l'usurpateur. C'est dans ces termes qu'elle s'est adressée au dauphin ; c'est pour vaincre les doutes qu'elle lisait sur son visage défiant qu'elle s'écriait : « Je te dis que tu es le dauphin, le

vrai fils du roi, l'héritier du trône de France ! »
Comment Charles n'aurait-il pas été profondément ébranlé de ces affirmations énergi-
ques, sorties de la bouche de cette inconnue,
dont nous avons plus haut signalé la puissance de suggestion, alors qu'elles constituaient la réponse aussi éclatante que mystérieuse à ses préoccupations les plus intimes
et les plus secrètes ? N'est-ce pas le souvenir
de l'émotion de cette entrevue historique
dont le roi fit plus tard la confidence à un
familier, qui, avec le temps, est devenu la
révélation miraculeuse ?

Cette interprétation concilierait les récits
des chroniqueurs, les marques de défiance
du roi et de sa cour et les propres réponses
de Jeanne à son procès.

Celles-ci sont variables et confuses. Tantôt
elle dit nettement que le signe était qu'elle
reprît Orléans. « Votre signe à vous, dit-elle
à ses juges, est que tous les Anglais soient
chassés hors de France. » Remarquons que
cette réponse n'est pas une simple boutade.
Au contraire, la prophétie qu'elle a faite sur le
temps fixé à cette évacuation est une de
celles auxquelles elle tient le plus et qu'elle
répète volontiers : à ses yeux la vérification

de cette prophétie sera la preuve la plus éclatante de la divinité de sa mission. Elle a soin d'appeler l'attention de l'auditoire sur la date qu'elle a fixée, *pour qu'on voie bien qu'elle a dit vrai*. Et on sait que cette prophétie ne se vérifia nullement, quant à cette date. Elle parle donc sincèrement quand elle indique l'expulsion des Anglais comme un *signe*.

A côté de ces affirmations, elle se lance sur le signe et la couronne dans des explications tellement obscures qu'on n'a trouvé que deux façons plausibles d'expliquer ses paroles. Ou bien elle a voulu embrouiller et mystifier ses juges, en obéissant au sentiment de cacher tout ce qui pouvait concerner Charles VII. Elle a d'ailleurs maintes fois pris la précaution d'avertir ses juges des réserves mentales qu'elle fait à la promesse de dire la vérité. Ou bien elle a donné à ses explications une forme mystique et symbolique. Dans ses dernières réponses, auxquelles les rédacteurs ont donné la forme d'aveux et de rétractations, elle convient que c'était elle-même qu'elle voulait désigner en parlant d'un ange qui vint trouver le roi et lui apporter la couronne. Bien que cette dernière partie de la rédaction ait été faite sous la pression de Cauchon et que son authenticité soit considérée comme suspecte en bien des points, cette réponse de Jeanne n'est pas invraisemblable (1).

(1) Il est intéressant de noter, à propos des réponses relatives à la couronne, et qui semblent incohérentes, qu'on y retrouve facilement l'histoire de la couronne du sacre. En effet, la couronne usitée pour le sacre était à Saint-Denis, hors de la portée des troupes françaises. Dans cette occurrence, les ministres avaient fait préparer une couronne qui voyageait dans les bagages de l'armée, ce qui amena un retard. On ne l'utilisa pas, et elle fut remplacée par une couronne trouvée dans le trésor de l'abbaye de Saint-Remi. De là le récit de Jeanne qu'il y avait une autre couronne bien plus belle, et bien plus riche, etc. La confusion de ses descriptions est voulue, toujours dans le but de dérouter les Anglais en ce qui concerne Charles VII.

Il ne faut pas perdre de vue l'importance que le sacre avait, non seulement dans l'esprit de Jeanne, mais dans celui de tous les contemporains. Le sacre c'était l'investiture divine de la royauté : le prince qui était sacré était par là même le vrai, l'unique dépositaire de la couronne. Les Anglais n'avaient jamais cru que l'armée royale arriverait jusqu'à Reims. Ils essayèrent de paralyser le coup qui leur était porté en faisant sacrer Henri VI à Paris ; mais cette cérémonie fut regardée comme un pastiche sans valeur. Toutefois il ne fallait pas qu'on pût émettre quelque doute

On voit qu'il n'y a pas plus de surnaturel dans l'histoire du signe que dans celles des autres faits extraordinaires que nous avons étudiés.

~~~~~~~

CONCLUSIONS

Jeanne d'Arc n'est ni une hystérique, ni une folle. C'est une femme d'une intelligence supérieure, d'une volonté ferme et inébranlable, douée d'un pouvoir suggestif (d'entraînement) considérable.

C'était une mystique, sujette de bonne heure à des extases avec hallucinations de la vue et de l'ouïe, qu'elle prit très vite l'habitude de rappeler par auto-suggestion, de développer, d'expliquer au point d'en faire des apparitions régulières de saints et

sur la régularité, les formes de la cérémonie du sacre de Charles VII, partant sur sa validité. Or le seul point qui péchait c'était celui de la couronne, puisqu'on n'avait pu se servir de la couronne traditionnelle. Quelle couronne avait-on employée? Voilà ce que désirait savoir Cauchon. De là les échappatoires de Jeanne, la confusion voulue, le symbolisme de ses réponses.
~~~~~~~

saintes. La prédominance des hallucinations auditives justifie le mot de *voix* qu'elle leur donna.

Il semble que jusqu'à sa captivité les communications qu'elle crut avoir avec les personnages célestes ne sortirent pas de cette forme des voix ; et que ce n'est que sur les instances de ses juges qu'elle chercha à en avoir une représentation plus précise. Mais cette représentation demeura toujours assez confuse.

Jeanne n'a fait aucun miracle authentique ; elle n'a jamais cru elle-même en avoir fait. L'examen des prétendus faits miraculeux de sa vie montre qu'ils peuvent s'expliquer naturellement ; ils doivent être rangés en totalité ou en partie dans les transformations légendaires.

APPENDICE I

~~~

Le colonel Biottot (*Les grands inspirés devant la science*) a consacré un livre entier à l'étude des causes de l'inspiration de Jeanne d'Arc. La science dont se prévaut l'auteur ne mérite malheureusement cette qualification qu'en y mettant beaucoup de bonne volonté ; c'est la sociologie.

S'il est un certain nombre d'hypothèses admises aujourd'hui comme sérieuses, telles que celle qui assimile une race à un individu, et permet d'en étudier la naissance, l'enfance, le développement, l'âge adulte ou maturité, la vieillesse ou décadence, enfin la mort ou la disparition ; qui autorise à lui attribuer des penchants bons et mauvais, des qualités et des défauts, en un mot un caractère spécifique, c'est se livrer à des déductions beaucoup plus imaginaires que scientifiques que d'octroyer à cette race une *âme* latente, qui se manifeste automatiquement, par des sortes *d'explosions*, d'où l'apparition soudaine de génies, tels les Charlemagne, les Jeanne d'Arc, les Napoléon.

A raisonner ainsi on s'expose à des entraînements qui n'ont plus rien de scientifique. Pourquoi ces *explosions*, sinon pour le besoin de la conservation
~~~

de la race et de *l'âme* de la race ? Alors pourquoi certaines races sont-elles favorisées et d'autres pas, puisqu'enfin il y en a qui disparaissent ? Il y en a donc qui sont considérées comme supérieures (M. Biottot adopte cette conclusion pour la race française) et indispensables au développement de l'humanité ? Mais qui est-ce qui établit cette hiérarchie, cette suprématie ? Fatalement il faut conclure à l'existence d'un être suprême, d'une *Toute-Puissance*, comme dit M. Biottot, qui gouverne l'humanité.

Ce postulatum a dès lors la même valeur que l'opinion de cet excellent catholique qui pensait que si Dieu avait suscité Jeanne d'Arc, et voulu le triomphe des Français sur les Anglais, c'est parce que sa prescience divine lui avait appris que ces derniers deviendraient un jour schismatiques ! Encore celui-ci a-t-il pour lui une sorte de logique : Dieu récompense les croyants et punit les infidèles. Tandis qu'il reste à prouver que si les Anglais avaient réussi à substituer la famille de Lancastre à celle des Valois sur le trône de France, la race française, ou plutôt, pour parler comme le colonel Biottot, l'âme française aurait disparu comme facteur du développement de l'humanité.

Or, s'il y a un fait sociologique bien établi, c'est que la race gauloise a toujours absorbé les éléments germaniques par lesquels elle a été conquise, et que ce sont ceux-ci qui ont disparu. Nous pouvons, en tablant sur cette donnée historique, affirmer qu'il en eût été ainsi de l'élément anglais, avec plus de facilité même, puisque la poignée de Français qui s'est emparée de l'Angleterre avec Guillaume le Conquérant, a laissé une imprégnation telle, qu'aujourd'hui encore, la race anglaise bien que d'origine germanique a un caractère spécifique, une *âme* qui la rapproche plus de l'*âme* française que de l'*âme* allemande. Ajoutons que l'assimilation de l'élément anglais eût été grandement favorisée par ce fait que la langue officielle de la Cour, la langue des seigneurs, des chefs, était encore la langue française, et qu'à part les archers gallois et la valetaille militaire, on se comprenait d'un camp à l'autre.

En admettant même que l'influence anglaise ait laissé à la longue quelque empreinte sur l'âme française, il resterait encore à prouver, pour confirmer les théories du colonel Biottot, que cette imprégnation aurait été néfaste pour l'humanité, au point que la *Toute-Puissance* n'ait pas hésité à lui barrer le chemin, non par des moyens ordinaires, mais par une intervention d'apparence miraculeuse.

Tout cela est si peu de la science, si étranger à la critique historique, que l'encadrement des faits dans les théories ne se fait pas sans quelque embarras. M. Biottot, pour nous expliquer la Jeanne d'Arc manifestation ethnique, produit de l'hérédité, de la race, du milieu, etc..., nous fait une histoire comme il désire qu'elle soit et non comme elle fut.

Nous avons montré, et d'autres avant nous, que Jeanne d'Arc n'est pas Lorraine, que sa famille n'était pas sujette barroise, qu'elle habitait et faisait partie d'un fief royal. Le traité de Bruges est de 1301 et non de 1299. Dans tous les cas, Philippe le Bel n'y indiquait pas comme limite de ses États la *Meuse entre Vaucouleurs* et Toul, attendu que ce n'est là qu'un point géographique, et qu'un point n'est pas une ligne de frontière. Il y était d'autant moins question de ce point que la châtellenie de Vaucouleurs, appartenant à un seigneur de la famille de Joinville, était fief du comté de Champagne, ne faisait pas partie, n'a jamais fait partie du Barrois mouvant. Philippe le Bel pouvait si peu donner la Meuse à Vaucouleurs comme limite de ses États, que les villages de Chalaines et Rigny, de l'autre côté de la Meuse, faisaient partie de la châtellenie. C'est au contraire, au delà de Vaucouleurs, de Void jusque Saint-Mihiel et au delà, que la Meuse est donnée comme limite de la France, et que tous les pays barrois entre la Meuse et la Marne constituent ainsi le Barrois français ou Barrois mouvant.

La théorie des affinités, de l'hérédité et du milieu veut aussi que, peu après 1299, Toul, le Barrois et Verdun aient *librement* répudié la suzeraineté de l'empire d'Allemagne ; malheureusement, le traité de Bruges est le résultat de la victoire remportée par Philippe le Bel sur le comte de Bar, et non de la libre volonté des populations ; quant à Toul et Verdun, elles demeurèrent villes impériales jusqu'à leur réunion à la France en 1552.

Jamais, comme nous l'avons dit, Domremy n'a fait partie de la prévôté ou de la châtellenie de Vaucouleurs. En parlant de l'enthousiasme avec lequel les populations de cette châtellenie accueillirent l'autorité royale, M. Biollot pense que celle-ci était *moins rapace et plus bénévole* que celle des seigneuries locales. Il pense aussi qu'elles manifestèrent leur dévouement « quand, *à court d'argent et d'hommes* « *d'armes,* le roi dut en appeler aux bonnes gens des « villes et des campagnes de la défense de leur fidélité

« et de leurs biens contre les envahisseurs et les pil-
« lards ». Il semble ainsi ignorer que *les aides ou
prières pour le fait de la guerre* étaient un impôt
qui était réclamé que le roi fût vainqueur ou vaincu,
envahi ou envahisseur ; que d'autre part, les bonnes
gens étaient sans distinction pillés aussi bien par les
troupes royales que par les bandes ennemies. Il se fait
certainement illusion sur les sentiments des populations du moyen-âge au sujet des gens de guerre.

Décrivant Domremy (théorie du milieu) *monotone
et grave*, le colonel le dépeint comme une *entaille
âpre, aux parois hautes et blanches*, où l'on cher-
che en vain le paysage de la verdoyante et plantureuse
vallée de la Meuse, flanquée de ses coteaux riants et
colorés, qui ont inspiré à un autre historien, au lieu de
l'étymologie de *Van des couleuvres*, celui poétique
et naïf de *Van des couleurs* ! M. Biottot a dû tenir
garnison au fort de Pagny la Blanche-Côte et prendre
le ravin aux blancs éboulis de la côte pour la vallée
de Vaucouleurs.

Domremy ne se *penchait pas sur les dernières
pentes de France*, car le Barrois mouvant s'étendait
jusqu'à Liffol-le-Grand, distant de 26 kilomètres !
Enfin Maxey, partie intégrante du fief royal de Dom-
remy-Greux-Maxey, ne devait avoir rien de menaçant
aux yeux de Jeanne. Seul le château de Brixey aux
Chanoines, haut perché, pouvait avoir quelque apparence revêche ; mais il appartenait à son évêque, l'é-
vêque de Toul, et était sous la garde du duc de Bar,
suzerain d'une grande partie de son village natal, beau-
frère et vassal de son gentil dauphin.

Les sociologues sont un peu les élèves de Descartes

qui avait inventé la psychologie en regardant simplement au dedans de lui-même. Pour être une science,
à l'égal de la critique historique, il faut encore que la
sociologie se défie de l'imagination et des théories
fabriquées dans le silence du cabinet. Nous doutons
que la théorie de Jeanne d'Arc, *manifestation
ethnique,* soit appelée à une grande fortune.

Il restera néanmoins de ce livre quelques très bonnes pages, ce sont celles qui sont dues non pas au
philosophe, mais au militaire. A part quelques réserves
que nous aborderons en traitant du rôle politique et
militaire de Jeanne d'Arc, les aptitudes militaires de
l'héroïne, les mœurs militaires du XVᵉ siècle y sont
très judicieusement expliquées. Il est seulement regrettable que ces passages soient noyés et perdus dans les
considérations philosophiques difficilement digesti-
bles de l'auteur.

III

Rôle militaire et politique.

A propos du rôle militaire qu'a pu jouer Jeanne d'Arc, nous voyons se reproduire, chez ses historiens, la même passion ou de dénigrement ou d'admiration outrée.

Tandis que pour l'un, l'héroïne n'est qu'une demi-idiote qui ne sait ni où on la conduit, ni ce qu'on lui fait faire, sorte de fétiche ou de mascotte destinée à ranimer la confiance de l'armée dans la victoire ; pour d'autres, les combinaisons savantes de la tactique et de la stratégie n'ont pas de secrets pour elle.

Nous examinerons d'abord le rôle militaire de Jeanne d'Arc, car son rôle politique se déduit de son action militaire.

Tout d'abord il faut se rendre compte de ce qu'était la guerre au temps de Jeanne d'Arc. Son temps est une époque d'évolution. Peu après sa mort, Charles VII va poser les bases de l'organisation de l'armée permanente. Mais cette transformation ne s'accomplit pas tout d'un coup. Entre le ban féodal et l'armée permanente, il y a une transition imposée par la force des choses. Cette transition est constituée par l'intervention des compagnies de soldats de profession, les *routiers*.

On sait ce qu'était le ban féodal. Le roi lançait un *mandement* pour appeler ses vassaux ou fiévés (possesseurs de fiefs) sous les armes, en leur assignant un rendez-vous qui était le point de concentration. Sous la bannière des grands vassaux leurs suzerains, les gentilshommes se rassemblaient, conduisant les arrière-vassaux. Tout ce qui était noble était à cheval : c'était la cavalerie, qui, jusqu'à la guerre de Cent Ans, avait été à peu près l'arme unique. La cavalerie était armée de la lance, de l'épée et de la hache d'armes. Les Anglais avaient amené avec eux une arme nouvelle : les archers, qui constituèrent l'infanterie. Auparavant il y avait bien des hommes de pied, milices des villes ou paysans, armés d'arcs, de piques, de couteaux (coustilliers) ou de bâtons terminés par des masses de métal. Mais ces soldats servaient surtout dans les sièges et n'affrontaient guère les batailles rangées : ils ne pouvaient pas lutter contre les chevaliers bardés de fer.

La rançon jouait un rôle tactique considérable dans les guerres du moyen âge. Un chevalier pouvait évidemment être tué par quelque coup trop vigoureusement porté ; mais les adversaires cherchaient moins à se tuer qu'à se faire prisonniers. Ils se chargeaient l'un l'autre, au galop de leur cheval, la lance en arrêt ; il s'agissait de *ruer jus* son ennemi, c'est-à-dire de lui faire vider les arçons. Le chevalier à terre, sous le poids de sa lourde armure, pris souvent sous son cheval, ou empêtré dans le harnachement, était presque hors d'état de se relever sans l'aide d'autrui. Son vainqueur, mettant pied à terre, la dague à la main, le sommait de *lui donner sa foi*, sous peine d'être poignardé. Le vaincu donnait donc sa foi, c'est-à-dire se nommait et jurait de se rendre à telle prison qui lui était assignée, jusqu'à paiement d'une rançon qui n'était pas fixée sur le champ, mais quelques jours plus tard, lorsque le vainqueur avait pu prendre des renseignements sur la valeur *marchande*, si l'on peut dire, de sa prise.

Les batailles rangées étaient donc surtout une série de combats singuliers.

Quant aux sièges, dans la très grande majorité des cas, ils consistaient en tentatives d'escalade. Si la place était petite, un château, par exemple, il n'était pas difficile à une troupe peu nombreuse, voyageant de nuit, de se procurer sur place quelques échelles, de les appliquer un peu avant la levée du jour aux murailles en général élevées d'une dizaine de mètres au plus, et de surprendre la garnison imprévoyante. L'assaut était dans ce cas donné par les cavaliers eux-mêmes qui mettaient pied à terre.

Lorsque la place était au contraire très forte, entourée de murailles élevées et de tours, défendue par des fossés, des palissades et souvent des boulevards, sortes de redoutes fermées de murailles de bois, l'armée assiégeante était obligée de traîner à sa suite un grand nombre d'hommes de pied, les uns armés pour monter à l'assaut ou pour lancer des flèches, les autres, terrassiers, mineurs, machinistes, artilleurs, charpentiers, etc... qui sapaient la base des murailles, dressaient les veuglaires, voglaires (*vogue en l'air !*) qui lançaient des quartiers de roche, chargeaient les bombardes qui *jectoient* des boulets de pierre ou les couleuvrines (1),

(1) L'artillerie naissait à peine. Il suffit de faire remarquer qu'elle ne joue encore aucun rôle dans les batailles rangées, et n'est guère employée que dans les sièges. Les armées du XVᵉ siècle s'y servaient de canons d'assez forte dimension, généralement nommés bombardes, lançant des boulets de pierre. Au siège d'Orléans nous voyons déjà des modèles plus réduits, dits petites bombardes ou couleuvrines, sans doute plus gros que notre ancien fusil de rempart, mais certainement transportables, car il en est fait mention à l'attaque des bastilles anglaises. A la prise de la bastille des Augustins, Jean le Lorrain abat un Anglais colossal *avec sa couleuvrine.* Chastellain fait mention d'un cordelier nommé Noiroufle qui avec une arme semblable se vantait d'avoir tué plus de quatre cents Anglo-Bourguignons. Des récits identiques se retrouvent dans diverses Chroniques. Mais on ne lit pas que ces pièces aient été utilisées sur les champs de bataille avant le milieu du siècle. Nous voyons, à Montépilloy, Jeanne inspecter le front et les flancs des Anglais et reconnaître le danger et l'impossibilité de chercher à rompre leurs lignes, parce que l'armée française ne peut le tenter que par des charges de cavalerie. Elle n'aurait pas eu ce regret si elle avait disposé de couleuvrines, canons, ou *machines de jet :* ces engins n'étaient pas assez mobilisables ou

fabriquaient les échelles pour l'escalade des murailles... etc... Dans ces places l'assaut exigeait souvent une brèche à la muraille, brèche qui était l'œuvre des machines, des canons et au besoin des mineurs.

Les seigneurs mettaient alors pied à terre et montaient aux échelles comme les simples manants, avec cette supériorité toutefois, qu'une fois le pied sur la muraille, leur armure les rendait presque invulnérables aux piques, et que leur habileté à manier l'épée ou la hache d'armes en faisait des adversaires redoutables. On voit constamment, au moyen âge — notre histoire de Chaumont en est une preuve — que la grande préoccupation des villes est d'avoir une provision de maillets de fer ou de plomb pour leur milice. Cette sorte de massue était, en effet, la seule arme dangereuse pour les gens d'armes, bardés de cuirasses, car, en en brisant les pièces, elle créait des voies de

trop rares encore pour être utilisés en rase campagne. Cependant, on ne tarda guère à s'en servir ; car dès 1450 il est question, dans les récits de bataille, de *couleuvrines, ribeaudequins, bombardes* et *venglaires*, ce dernier nom ayant passé naturellement à un engin dont les projectiles étaient mus par la poudre.

pénétration pour les piques et les dagues.

L'art de la guerre n'était pas compliqué au moyen âge, surtout s'il s'agissait de se battre en rase campagne. Les armées, après s'être donné un rendez-vous, ne prenaient d'autres précautions que de garantir leurs derrières d'une surprise en s'appuyant à une rivière, un étang, un bois, des haies, c'est-à-dire à des obstacles pour la cavalerie, la seule arme dont on se préoccupât. Puis on se ruait les uns sur les autres (1).

(1) Le dispositif de combat comprenait une avant-garde, une bataille, et une arrière-garde. Mais ces mots ne correspondaient pas précisément à ce que nous entendons aujourd'hui par ces termes.

La bataille était le gros de l'armée et plus spéciale-ment la cavalerie. L'avant-garde était le corps ou les corps chargés de commencer l'attaque. Selon le terrain et les forces de l'ennemi, elle était constituée par des gens d'armes (cavaliers) ou des archers, généra-lement l'un et l'autre. Lorsque l'action était engagée, la bataille ou bien se tenait en réserve, si l'avant-garde suffisait à la besogne, ou bien se joignait à elle pour renforcer et étendre son action. Quant à l'arrière-garde, elle pouvait, comme réserve, venir à la res-cousse, ou encore soutenir la retraite. Elle était surtout destinée à garder les bagages, les chevaux des archers, car ceux-ci voyageaient à cheval et ne mettaient pied à terre que pour combattre. L'arrière-

Ce dispositif de combat ne fut pas changé lorsque les Anglais se firent accompagner de corps d'archers, véritable infanterie. Ils continuèrent — et avec bien plus de soin que les Français, qui n'ont jamais pu perdre l'habitude de ne pas se garder, — à appuyer leur arrière-garde et leurs flancs à des obstacles naturels ; mais ils introduisirent une nouvelle tactique, d'une remarquable habileté, qui devait leur assurer les victoires retentissantes d'Azincourt, de Crécy et de Poitiers. Renonçant à la charge traditionnelle des gens d'armes qui était jusque là l'essence de la bataille, la glorieuse chevauchée, la seule lutte digne de nobles chevaliers, ils placèrent la cavalerie en réserve, lui donnant pour rôle de culbuter l'ennemi ébranlé et mis en désordre par le tir des archers.

garde gardait aussi parfois les chevaux des gens d'armes qui se présentaient au combat à pied, sans que nous sachions bien exactement ce qui pouvait leur inspirer cette tactique. En certains cas, cela paraît être une démonstration de bravoure : ils font voir qu'ils s'enlèvent eux-mêmes le moyen de fuir ; dans d'autres, le terrain était sans doute peu favorable à l'emploi du cheval.

A cet effet le corps des archers était placé en avant, et sur leur front étaient enfoncées en terre des piques, la pointe en l'air obliquement inclinée vers l'ennemi. Sur cette première muraille de piques, les chevaux des Français venaient s'enferrer le poitrail, en même temps que les archers, fort habiles, accablaient chevaux et cavaliers d'une grêle de flèches. La conséquence était inévitable : le désordre se mettait aussitôt dans les rangs des gentilshommes, impuissants à maîtriser leur monture, entraînés par la chute des chevaux et souvent même grièvement blessés par quelque trait pénétrant entre les plaques de leur armure. A ce moment, les archers ouvraient leurs rangs pour faire place à la cavalerie anglaise, fraîche et en bon ordre, qui n'avait pas grand'peine à changer le désordre de l'armée française en une sanglante déroute.

Une autre supériorité des Anglais résultait également de l'introduction de l'infanterie dans leurs armées. Ces gens n'étaient pas des vassaux suivant la bannière de leurs seigneurs. C'étaient des gens payés, *soudoyers, soldoyers, soldats*. Ils constituaient donc une troupe *permanente*.

Il y avait bien quelques archers chez les Français, mais ils n'étaient pas encore constitués en corps d'infanterie comme chez les Anglais. Ils faisaient partie de la troupe, on devrait dire du troupeau d'hommes à pied que les armées traînaient derrière elles, et qui ne jouaient dans la bataille qu'un rôle tout à fait effacé. C'était à eux qu'était dévolu le soin d'égorger tout ce qui ne pouvait payer rançon. Et c'était alors la règle, dans les batailles comme dans les sièges, de massacrer impitoyablement tout ce qui pouvait porter les armes.

En outre, les gentilshommes anglais qui passaient le détroit ne pouvaient se renfermer dans l'application stricte de l'usage féodal. D'après celui-ci, le vassal devait à son suzerain quarante jours de service militaire à ses propres frais. On comprend combien le respect d'un tel usage aurait apporté d'obstacles à une expédition d'outre-mer telle que celle de la conquête de la France. Aussi les Anglais s'étaient-ils vus de bonne heure dans l'obligation d'ériger en règle permanente cette autre coutume féodale en vertu de laquelle le haut suzerain, le roi, une fois les quarante jours de service légal expirés, prenait à sa charge l'entretien des troupes vassales. En sorte que toute l'armée anglaise, on peut le dire, était à la solde de son roi, sur les fonds, toutefois, votés par les communes. Cette armée était donc bien plus aguerrie que les troupes françaises.

Bien mieux, pour faciliter au duc de Bourgogne la levée d'une armée en quelque sorte permanente, c'est-à-dire affranchie de la libération coutumière au bout des quarante jours, par conséquent en mesure d'apporter à l'armée anglaise une assistance certaine et prolongée, Henri VI verse à Philippe le Bon des subsides considérables. Le 9 mars 1429 (v. st.) une somme de vingt-cinq mille nobles fut prise par l'ordre des conseillers de Henri VI au trésor d'Angleterre et remise à Richard de Wydeville pour qu'il la portât au duc de Bourgogne : « *pro stipendiis mille et quingentorum hominum, in servitio regis exponendorum.* » (Citation de K. de Lettenhove. Chronique de Chastellain).

En France, le gros des armées était toujours constitué par le ban féodal, qu'il s'agît des troupes de Charles VII ou de celles du duc de Bourgogne.

On se rend aisément compte des difficultés

d'une guerre soutenue dans de semblables conditions. A tout instant nous voyons le roi de France ou le duc de Bourgogne entreprendre une campagne, puis licencier leurs troupes. Mais les Anglais sont toujours là qui, loin de se reposer, prennent les places fortes les unes après les autres. C'est ainsi que nous assistons à ce fait incroyable du blocus d'Orléans accompli par les Anglais sans aucune opposition, car on ne peut pas donner ce nom à la surprise du convoi anglais qui fut tenté par le comte de Clermont et qui donna lieu à la malencontreuse journée des Harengs. Ce n'est qu'à la suite des supplications réitérées des Orléanais d'une part, de Jeanne d'Arc et de Dunois d'autre part, que Charles VII se décide à former une armée de secours ! Et aussitôt Orléans délivré, cette armée est licenciée.

En raison du peu de fonds que l'on pouvait faire sur le ban, et la nécessité où tout le monde se trouvait de se défendre contre l'envahisseur, d'elles-mêmes se créèrent des petites bandes qui battaient la campagne, s'installaient dans des villes fortifiées ou des châteaux. La continuité de la guerre, qui remontait à plus d'un demi-siècle, avait mis

en relief des officiers de fortune, gentilshommes pauvres qui espéraient bien s'enri-
chir en rançonnant l'ennemi, et se conquérir
quelque fief à la pointe de l'épée. Le roi d'Angleterre, imité en cela par le roi de France,
octroyait à ses chevaliers des domaines
appartenant aux seigneurs ennemis, à charge
par eux de s'en emparer.

Ces officiers de fortune, ces aventuriers,
avaient autour d'eux quelques amis aussi
besoigneux qu'eux-mêmes, et des soldats
ramassés un peu partout, trop souvent gens
de sac et de corde, véritables brigands. Leurs
chefs n'avaient guère plus de vertu ; il fallait
payer ses hommes, et si on ne pouvait trouver
à vivre sur l'ennemi, on pillait le compatriote.

La Hire, le plus illustre peut-être de ces
chefs de bande, de ces routiers (de *route*,
troupe armée, en langage du moyen âge),
faisait dans le pays de Vitry-le-François la
guerre aux Bourguignons, aux frais du car-
dinal duc de Bar ; mais celui-ci ayant mis
quelque retard à lui verser sa solde, La Hire
lui fit la guerre à son tour.

Quelques-uns de ces aventuriers servaient
tantôt un camp, tantôt l'autre, selon le prix
qu'on mettait à leurs services.

La Hire eut le mérite de rester fidèle à la France. Jeanne d'Arc y eut une bonne part, car La Hire avait grande confiance en elle ; il la savait toujours prête à monter à cheval et à partir en expédition. Ces routiers étaient, pour l'époque, de véritables soldats, des professionnels, aussi expérimentés que braves.

Lorsqu'après l'effort de Reims et la démonstration devant Paris, Charles VII retomba dans sa léthargie, et que, livré aux intrigues de ses courtisans, il eut abandonné Jeanne à elle-même, ce sont ces routiers qui continuèrent à porter le drapeau de la France en compagnie de la Pucelle, et qui, après elle, se chargèrent de *bouter l'Anglais dehors* jusqu'à ce que Charles VII, agissant enfin en roi, et se mettant à la tête de ses armées, accomplit le dernier effort qui devait assurer la défaite définitive de l'envahisseur.

Ainsi, à l'époque qui nous occupe, l'armée française était formée à la fois des contingents fournis par le ban féodal et des compagnies de routiers. Il y avait encore un élément, l'élément mercenaire étranger.

Soit par la nécessité de plus en plus évidente d'avoir toujours une réserve sous les armes, soit parce que Charles VII, prince empli de défiance, était trop peu sûr de ses grands feudataires pour prendre leurs troupes à sa solde, il entretenait autour de lui des compagnies d'Ecossais, de Lombards et aussi d'Espagnols.

Nous avons vu quelle était la tactique anglaise. Du côté des Français, il semble qu'on n'avait tiré que des enseignements insuffisants des cruelles leçons d'Azincourt, Crécy et Poitiers. On avait bien enrôlé des archers ; des édits royaux avaient prescrit dans toutes les bonnes villes la création de corps d'archers, institué en leur faveur des concours de tir, des exemptions d'impôt, de garde, etc... Mais il n'y avait pas de corps d'infanterie organisé à l'instar de l'infanterie anglaise.

Cependant les Français avaient reconnu la cause de leurs désastres ; mais, passant d'une extrémité à l'autre, au lieu de se jeter sur les lignes anglaises avec une folle témérité, ils avaient totalement renoncé à se mesurer en bataille rangée avec leurs redoutables adversaires. Réfugiés et dispersés dans les places fortes, réduits à de petites bandes sans lien entre elles, ils laissaient le roi Henri V se promener de Calais au Mans sans trouver personne devant lui.

C'était une stratégie déplorable. En effet, les Anglais, reconnaissant l'inutilité et la stérilité d'une telle promenade, se mirent à assiéger et à prendre les places les unes après les autres. C'était une besogne facile, car, selon les usages du temps, lorsque les malheureux Français, serrés de près par une troupe dix fois plus nombreuse qu'eux-mêmes, se rendaient à tempérament, c'est-à-dire promettaient de livrer la place s'ils n'étaient pas secourus à telle date fixée par le traité, le roi anglais pouvait attendre tranquillement l'échéance ; ce n'était pas le roi de Bourges et ses intrigants et cupides conseillers qui songeaient à venir secourir les assiégés !

C'est ainsi que les Anglais étaient arrivés à investir Orléans.

Maintenant que nous avons étudié les habitudes militaires de la première moitié du quinzième siècle, nous pouvons nous demander jusqu'à quel point il était facile à Jeanne d'Arc de s'y adapter.

Nous avons vu que l'essentiel pour un homme d'armes était de savoir monter à cheval. Encore n'était-il nul besoin d'être un cavalier consommé. Un écrivain du temps admire certains guerriers qui *s'entendaient très bien aux voltes*. Il faut évidemment comprendre qu'ils exécutaient ce principe élémentaire de la charge qui consiste, après un premier choc, à faire volte face, prendre du champ et exécuter une nouvelle charge. L'admiration du chroniqueur nous démontre que ce mouvement n'était pas connu de tous les gens d'armes, ou du moins que tous n'étaient pas assez expérimentés pour l'exécuter.

Nous devons aussi faire entrer en ligne de compte l'armement du cavalier et la forme du cheval. Pour porter un homme bardé de fer, et sa propre cuirasse, il ne pouvait être question d'un cheval fin et de sang : il fallait une forte bête. L'idéal devait être le hollandais, le percheron ou le mecklembourgeois : on lui demandait de la vitesse, mais pour un temps court et un espace restreint ; on exigeait surtout que sa masse vînt s'ajouter à celle de celui qu'il portait (1).

(1) A la bataille de Gavres, contre les Gantois, le duc Philippe le Bon paya de sa personne. Chastellain décrit son armure. Voici ce qu'il dit de son cheval :

La lance qui était, en effet, l'arme principale, celle du premier choc, ne ressemblait
en rien à celle de nos dragons. C'était une
forte pièce de bois, une solide perche terminée par une pointe de fer pesante. Pour lui
donner plus de poids, elle était aussi longue
en arrière qu'en avant du cavalier, qui la
tenait embrassée de tout son bras et serrée au
corps, au moyen d'une large encoche circu-
laire. Il ne fallait pas songer, avec un instrument pareil, à une escrime quelconque : il
n'y avait qu'une position de la lance, celle que
nous venons de décrire. Il ne s'agissait plus
que d'être solide en selle et de faire porter
sur la pointe de la lance les poids surajoutés
de l'arme, du cavalier et du cheval, multipliés
par la vitesse du galop de charge. On comprend, dans ces conditions, que l'avantage
était à l'homme le plus grand, le plus vigou-
reux, monté sur le cheval le plus gros.

Nous n'avons pas besoin de faire remarquer que dans un tournoi il n'en était pas tout

« *Le cheval estoit un gros double ronchin d'Alle-
maigne et à merveilles puissant,* et bien le monstra
en ce jour. »
Ce double ronchin, roussin, d'Allemagne était vrai-
semblablement un mecklembourgeois.

à fait de même, car y blesser grièvement un adversaire était considéré comme une maladresse ; aussi voyons-nous les gentilshommes se servir aux tournois de chevaux de luxe d'un prix très élevé.

Indiquons aussi, sommairement, que les routiers, les bandes, les guérillas, pour des raisons qui s'expliquent aisément, donnaient leur préférence aux chevaux de fond, moins massifs ou moins fins, mais capables de soutenir à bonne allure moyenne une longue randonnée (1).

Presque tous les historiens de Jeanne d'Arc ont reproduit, d'après le procès de Rouen, sa réponse à saint Michel : qu'elle ne savait ni chevaucher ni guerroyer. Dans une autre partie de cet ouvrage nous nous sommes expliqué sur ce fait que Jacques d'Arc possédait des chevaux, et que, comme toutes les filles de la campagne, Jeanne devait savoir se tenir à cheval et à califourchon, puisque la mode pour les femmes de monter assise est d'époque récente. En effet, on ne voit pas pourquoi elle s'en serait abstenue. D'autre

(1) Cf. *Jeanne d'Arc écuyère,* par P. Champion — et le dédain avec lequel la Pucelle parle du cheval de l'évêque de Senlis, qu'on lui reprochait d'avoir volé.

part, elle avait de la parenté disséminée dans la région, jusqu'à Sermaize même, elle allait la visiter, et le cheval était le mode de transport le plus répandu alors, pour les deux sexes.

Sa réponse n'en est pas moins véridique. Ce qu'elle déclarait ignorer c'était de se servir d'un cheval de guerre, de la manière dont en usaient les hommes d'armes. Ne l'ayant jamais fait à l'âge ou eut lieu ce dialogue avec l'archange, 14 ans environ, c'était chose fort naturelle qu'elle considérât un pareil exercice comme tout aussi difficile que celui de faire la guerre. Mais il ne nous est pas défendu d'admettre que, sous la préoccupation constante de sa future mission, elle ait saisi toutes les occasions de monter à cheval, même avec selle et harnachement de cavalier. P. Champion fait remarquer que la grand'route très fréquentée qui passait par Domremy dut être un lieu de passage et de halte pour les hommes d'armes ; qu'en ce temps, c'étaient ces passagers, voituriers et militaires, qui apprenaient les nouvelles aux habitants des pays qu'ils traversaient, qu'on les interrogeait avidement, qu'on leur offrait facilement un verre de vin pour les arrêter,

que les occasions pour Jeanne de monter sur
un cheval de guerre, de le conduire boire à
la rivière, ne devaient pas être rares. Les
gens de la garnison de Vaucouleurs passaient
souvent à Domremy. Bertrand de Puligny (et
non de Poulangy) nous apprend qu'il connaissait personnellement les parents de Jeanne
et Jeanne elle-même. Jean de Metz dut y
passer aussi, ne serait-ce que lorsqu'il com-
parut à Gondrecourt devant le prévôt pour se
voir mettre à l'amende comme ayant juré le
vilain serment.

La *Chronique de Lorraine* nous dit que
Jeanne, à l'observation du duc de Lorraine
qu'elle était incapable de manier un cheval,
aurait répondu que si on lui donnait cheval
et harnois elle se faisait forte de montrer
qu'elle saurait s'en servir. Le duc l'aurait fait
mettre à l'épreuve sur le champ, et Jeanne
aurait fait prendre à son cheval toutes les
allures, et lui aurait fait exécuter des voltes
qui auraient frappé l'assistance d'admiration.
Cette Chronique est pleine de fables qui la
rendent suspecte. Il est cependant à remarquer qu'à Chinon Jeanne renouvelle la même
prouesse, lance en main, devant le duc
d'Alençon qui, émerveillé, lui fait cadeau

d'un cheval. (Déposition du duc d'Alençon au procès de réhabilitation). Ce dernier témoignage, bien antérieur à la rédaction de la *Chronique de Lorraine*, lui donne sur ce point un certain caractère d'authenticité.

Il est constant que Jeanne d'Arc savait monter à cheval lors de son départ de Vaucouleurs, d'une façon suffisante, et qu'elle devint rapidement assez habile pour participer à toutes les chevauchées de l'armée.

Une question intéressante se pose. Jeanne au cours de son procès déclare qu'elle n'a jamais mis un homme à mort. Il est à la rigueur possible qu'elle n'ait jamais vu un soldat tomber, frappé à mort, de sa main. Cependant il nous paraît indéniable qu'elle a dû porter des coups, ne serait-ce que pour se défendre. Devant les Augustins elle charge avec La Hire, la lance en main, pour arrêter les Anglais. Partout nous la trouvons à l'attaque au premier rang, et en retraite au dernier. Il n'est pas admissible qu'elle n'ait pas été maintes fois exposée personnellement dans la mêlée, et qu'elle n'ait pas été forcée alors de parer les attaques et d'y riposter. Toutefois, lorsque l'action comporte des charges d'ensemble de cavalerie, nous la voyons placée en réserve ou sur les flancs.

Il nous paraît donc suffisamment démontré que Jeanne d'Arc était capable de faire et faisait tout ce que les gentilshommes de son temps savaient faire, qu'elle était écuyère comme eux, armée comme eux, qu'elle se battait comme eux, qu'elle montait à l'assaut, qu'elle fut un soldat dans toute l'acception du mot.

Fut-elle un chef militaire ?

Nous ne partageons ni l'avis de ceux qui nous la dépeignent sous les traits d'une simple d'esprit, d'une ignorante, incapable de rien comprendre aux opérations militaires, et que les capitaines ne se donnaient même pas la peine de consulter. Nous n'acceptons pas, d'autre part, le rôle de général en chef que trop d'historiens lui ont attribué.

Les documents les plus positifs nous montrent que la première opinion n'est qu'une dénégation systématique qui ne se discute pas. Quant à la seconde, une première raison pour la repousser c'est qu'il n'y avait pas alors, dans les armées françaises, de général en chef, dans le sens que nous attribuons à cette qualité. En d'autres termes, il n'y avait pas un personnage investi par le roi d'un pouvoir absolu, maître du dispositif de combat, aveuglément obéi par les capitaines en sous-ordres.

Il y avait bien un représentant du roi, généralement un prince du sang, auquel cette qualité valait une certaine déférence ; mais chaque grand seigneur, chaque routier avait sa propre troupe à laquelle seul il avait le droit de commander. Chacun de ces chefs, avant chaque action, prenait part à un grand conseil, dans lequel l'opération était discutée et arrêtée.

Il est certain qu'à son départ de Blois Jeanne n'était nullement le commandant de l'expédition de ravitaillement, bien que ce fût à ses instances, à ses objurgations répétées, au caractère mystérieux qu'on commençait à lui attribuer, que cette expédition soit due. Comme elle annonçait qu'elle ferait lever le siège si on lui donnait des hommes, c'est dans le fait à elle qu'on donnait les soldats, c'est pourquoi les chroniqueurs la mettent à la première place, et la considèrent comme le chef d'une entreprise dont elle était le réel promoteur. Les véritables chefs étaient le maréchal de Rais et Ambroise de Loré. Le commandant d'Orléans était Raoul de Gaucourt. Enfin, parmi les principaux défenseurs, on comptait Dunois, bâtard d'Orléans, La Hire, Xaintrailles, et autres.

Pas plus que Jeanne n'avait été mise à la tête de l'expédition de ravitaillement, pas plus elle ne fut chargée d'un commandement en chef ou en sous-ordre à Orléans, par lettres royales s'entend. Mais il n'est pas discutable qu'il allait de soi, sans que le roi ait eu besoin d'en donner l'ordre, que les chefs devaient recueillir l'avis de la Pucelle (1).

Il semble que ceux-ci ne prirent pas tout

(1) Jeanne devait se trouver dans les conditions des autres principaux seigneurs. Elle avait sans doute, dès cette entrée en campagne, la compagnie que le roi lui avait donnée, et qu'elle commandait en personne. Lorsque les vivres furent entrés à Orléans et que le maréchal de Rais et Ambroise de Loré repartirent pour Blois avec le gros de la troupe, Jeanne ne voulait pas quitter cette petite armée, disant que les hommes étant tous confessés, elle ne craignait pas avec eux toute la puissance des Anglais. Toutefois, sur les insistances de Dunois, elle se décida à entrer à Orléans, *avec tous les gens qui lui étaient ordonnés*, dit la Chronique de la Pucelle, c'est-à-dire avec sa compagnie personnelle.

d'abord Jeanne au sérieux, et ne jugèrent pas à propos de la consulter.

Il est certain que le choix de la route de Sologne pour le convoi fut décidé sans qu'elle en fût informée. Elle en témoigna son mécontentement à Dunois, qui lui expliqua qu'en prenant par la Beauce, il fallait passer devant les plus fortes bastilles des Anglais, contre lesquels on n'était pas assez en nombre.

Le dernier historien de Jeanne d'Arc voit une niaiserie dans l'observation de la Pucelle, qui, selon lui, n'avait aucune idée de la topographie de la ville et ne comprenait rien aux précautions prises pour faire entrer, sans combat, les vivres dans Orléans. Nous ne nous arrêterons pas à cette interprétation qui rentre dans le système de dénigrement de la Pucelle qui est le but de cet auteur.

Nous voyons, nous, dans cette boutade, la révolte de Jeanne contre l'ignorance dans laquelle elle a été volontairement laissée. Il n'est guère probable qu'elle se crût réellement le chef suprême de l'expédition. Dans son procès elle se défend d'avoir dicté, dans sa sommation aux Anglais, le terme de *chef de guerre,* qu'elle dit avoir été mis à son insu. Quicherat pense que cette expression, se retrouvant dans diverses copies, doit être authentique et non une invention personnelle du scribe. C'est une raison plausible, non une certitude.

Elle devait savoir qu'elle n'était pas plus chef que le maréchal de Rais ou Ambroise de Loré, ou Gaucourt, ou Dunois. Mais elle avait conscience d'être un chef, d'être l'inspirateur de l'expédition, et dut être blessée de n'avoir pas été consultée sur ces savantes opérations d'embarquement des vivres sur des chalands, sur ces précautions dénotant la peur de l'Anglais, le peu de confiance dans sa mission, au lieu de l'entrée audacieuse qu'elle avait rêvée, et dont elle escomptait probablement l'effet moral sur les assiégeants aussi bien que sur les assiégés.

Forte de sa foi inébranlable dans sa mission, elle ne pouvait supporter tout ce qui en semblait la négation. Elle proteste et protestera : elle dictera sa volonté, mènera toutes les opérations, malgré les chefs eux-mêmes, en un mot s'imposera comme chef, qu'elle sera en réalité ; et elle sera si peu discutée, au bout de quatre jours, que c'est elle qui décidera qu'on laissera partir les Anglais sans les attaquer.

10.

Après la délivrance d'Orléans nous la voyons jouer le même rôle dirigeant et autoritaire, dans la campagne de la Loire. A Jargeau elle refuse de laisser partir les Anglais autrement qu'avec la vie sauve et leurs habits, *leurs gippons ;* coupe court aux négociations auxquelles s'attardent le duc d'Alençon, La Hire et autres, commande l'assaut et emporte la place. C'est elle enfin qui triomphe des hésitations des capitaines, toujours apeurés par le souvenir des grandes défaites en rase campagne, les force à poursuivre l'armée anglaise, et l'écraser à Patay.

Nous ne rappellerons que pour mémoire la campagne de l'Oise, où, sans conteste, c'est elle qui commande les chevauchées sur les derrières et les flancs de l'armée bourguignonne.

L'action dominante de Jeanne d'Arc comme capitaine ne nous semble pas discutable.

Il nous reste à examiner la question de savoir si Jeanne d'Arc eut une tactique et une stratégie.

Tout le monde s'accorde à reconnaître que Jeanne pratiqua presque exclusivement l'offensive. Certains cependant ont trouvé qu'il

n'y avait rien dans sa conduite qui méritât le
nom de tactique. Elle allait droit devant elle,
sans pensée dirigeante, ne tenant, par ignorance, aucun compte des obstacles… etc…
On a dit aussi : Comment aurait-elle eu une
tactique, puisqu'il n'y en avait pas alors,
et que les armées se ruaient l'une sur l'autre
au petit bonheur.

Certes la tactique était rudimentaire ; nous
l'avons signalé plus haut. Néanmoins il serait
contraire à la vérité de dire qu'il n'y en
avait pas, que les troupes ne manœuvraient
pas. D'autre part, il faut, quand on envisage
ces questions militaires, quand on parle de
stratégie et de tactique, ne pas oublier qu'un
des éléments primordiaux d'appréciation,
c'est le succès. Nous lisons dans l'histoire
que tel général, groupant toutes ses forces
sur le centre de l'ennemi, le culbuta, et
battit ensuite successivement les deux ailes,
en quoi il fit preuve d'un génie remarquable.
Mais tel autre général, accomplissant la
même manœuvre, se fait prendre entre deux
feux et écraser par les deux ailes, et dès lors
nous est donné comme un modèle d'impé-
ritie ! Si Jeanne à la tête des milices orléa-
naises, à peu près sans discipline, les eût

vainement fait massacrer au pied de la bastille de Saint-Loup à Orléans, les capitaines
Gaucourt, Dunois et autres l'eussent fait
enfermer pour l'empêcher de recommencer,
et tout le monde se fût écrié: qu'il fallait
qu'elle fût folle pour croire à la réussite.

Or elle a réussi, ce qui prouve: 1° que
l'opération était faisable et n'était pas une
folie; 2° que cette réussite est due à la manœuvre de Jeanne, qui était une offensive
des plus vigoureuses et des plus opiniâtres.

L'opération était faisable, car elle émanait,
d'après certains chroniqueurs (Chronique de
la Pucelle), de l'initiative de quelques nobles
suivis *d'hommes de trait et de commun*. Ce
n'est qu'au bruit qui se faisait en ville, où
commençaient à rentrer les Français repoussés, que Jeanne, qui dormait, s'éveilla
et courut au combat. Elle raffermit les cou-
rages et le succès s'ensuivit. Nous voyons
d'ailleurs, dans la suite, son intervention se
reproduire de la même façon. Non seulement
elle mène les troupes à l'assaut, mais les
ramène si elles fléchissent, les soutient sans
relâche de son exemple, de ses affirmations
répétées que la victoire est dans leurs mains.

C'est grâce à elle que l'attaque des Augustins, à peine commencée, n'aboutit pas à un désastre. Les Français sont obligés de passer la Loire en bateaux, et le débarquement traîne en longueur. Elle a abordé la bastille avec les premiers arrivants, quand on crie que les Anglais de Saint-Privé viennent prendre l'armée en flanc. Une panique s'ensuit, et les Anglais, sortant de la bastille des Augustins, se mettent à la poursuite des fuyards. On voit combien la face des choses eût tourné s'ils avaient pu pousser jusqu'au point d'atterrissement des bateaux, alors que les Français débarqués n'étaient encore qu'en faible nombre. Mais Jeanne arrête la panique, marche résolument aux Anglais qui à leur tour reculent, ce qui donne non seulement au gros de l'armée française, mais surtout aux hommes d'armes montés, le temps d'arriver à la rescousse.

Au conseil de guerre qui s'était tenu la veille de l'attaque de la bastille des Augustins, Jeanne d'Arc avait énergiquement émis l'opinion qu'il fallait aller droit *à la grande puissance* des Anglais, à la bastille Saint-Laurent, qui était sur la rive droite. Remarquons bien que dès le lendemain de son arrivée à Orléans elle avait été passer l'inspection de tous les emplacements de l'ennemi. Ce n'est pas au hasard qu'elle se prononçait. Elle était toujours dans la même idée qui l'avait fait protester contre le passage par la Sologne, du convoi de ravitaillement, qui l'avait fait obtenir que l'armée de secours, au devant de laquelle elle était allée, rentrât à Orléans, la tête haute, fièrement, devant les grandes bastilles de la rive droite. Montrer à l'ennemi qu'on n'a pas peur, d'abord ; puis le frapper au cœur, et ne pas lui laisser un jour de répit. Voilà sa tactique ; voilà pourquoi elle voulait aller à Saint-Laurent et non aux Augustins.

Voilà pourquoi, dès le lendemain de la prise des Augustins, au lever du jour, elle prononçait l'attaque des Tournelles.

Au conseil du jeudi de l'Ascension elle avait eu contre elle tous les chefs, qui, toujours craintifs de l'Anglais, ne voyaient qu'à gagner du temps, s'entretenir de vivres, et pour cela rouvrir le passage de la Sologne. Ils avaient donc décidé d'attaquer les Augustins d'abord, puis les Tournelles, ce qui, dégageant le pont de la Loire, rétablissait les communications avec la rive droite. Jeanne s'inclina, non sans montrer son mécontentement.

Dans le même esprit, les chefs voulaient prendre un peu de repos, après la prise des Augustins : les choses marchaient bien, on avait des vivres, il n'y avait pas à se presser. En outre, il devait y avoir chez les hommes d'armes une secrète animosité contre la milice orléanaise, qui chantait victoire et se croyait capable de toutes les prouesses sous l'étendard de la Pucelle. Ordre avait donc été donné de tenir les portes fermées ; devant les protestations de la population, Gaucourt veillait lui-même à la stricte exécution de la consigne. Jeanne, indignée de cette décision, déclara qu'elle sortirait quand même ; elle dut personnellement protéger Gaucourt à qui l'on voulut faire un mauvais parti, et qui déclara plus tard avoir été fort en danger. La Pucelle sortit donc avec les milices, et les hommes d'armes, soit par jalousie de n'être pas à l'honneur, soit honteux d'abandonner Jeanne, rejoignirent avec elle les troupes qu'on avait laissées en observation devant les Tournelles.

Ce fort était composé de la tête de pont garnie de deux tourelles, et d'un boulevard ou bastille, qui en était séparé par un fossé où coulait une dérivation de la Loire, et

qu'un pont volant reliait aux tourelles. Le
combat dura toute la journée, avec une série
d'assauts que faisait incessamment recommencer la Pucelle. Les Anglais, que l'on
représente à tort comme frappés d'une ter-
reur mystérieuse, défendaient leur bastille
avec une bravoure inlassable. La légende
prétend que le soir Jeanne tenta un dernier
assaut, après avoir fait manger et reposer
ses hommes, qu'alors elle planta ou fit planter
son étendard au revers du fossé, contre la
palissade, avertissant que lorsque la queue
de l'étendard, soulevée par le vent, y touche-
rait, ce serait le signal de la victoire; qu'en
effet, à ce moment précis, les Anglais aban-
donnèrent subitement toute résistance. Cette
dernière phase de l'assaut peut au contraire
s'expliquer facilement. C'est à ce moment,
certainement, que les Orléanais réussirent à
conduire sous le pont volant leur brûlot
chargé non seulement de matières inflam-
mables, mais encore de substances dégageant des fumées épaisses et irrespirables.
Peut-être avaient-ils différé de mettre en
œuvre cet engin, à cause du vent contraire,
et durent-ils attendre que le soir tombant, le
changement de vent leur permît d'accabler

les défenseurs de la bastille des nuages asphyxiants qui se dégagèrent du brûlot. Sans doute la Pucelle se servit de son étendard pour indiquer la direction du vent et donner le signal de faire avancer le brûlot. D'où la naissance de la légende de l'étendard. Toujours est-il que la fumée d'une part, et, de l'autre, l'incendie du pont qui leur coupait la retraite, rendaient la position des Anglais intenable ; les chroniqueurs sont unanimes à nous les montrer cherchant en masse à fuir par le pont, qui, à demi consumé déjà, s'effondra sous leur poids. La plupart se noyèrent, dont le fameux capitaine Gladsdale (Glacidas).

Il n'y a pas à douter que, si les Anglais ne s'étaient résolus à lever le siège, Jeanne d'Arc n'eût fait dès le lendemain même attaquer une autre bastille, en vertu de la même tactique d'offensive sans répit. On dira que c'est peu probable, ce jour étant un dimanche. Mais nous savons qu'elle voulait combattre le jeudi précédent qui était le jour de l'Ascension, qu'elle attaqua Paris le 8 septembre, jour de la nativité de la Vierge, ce qui fut un des chefs d'accusation de son procès. Le dimanche ne l'eût donc pas arrêtée.

Comment dès lors se fait-il que lorsque, au moment de leur retraite, les Anglais se présentèrent en ordre de bataille, et que les Français se rangèrent eux-mêmes en ligne en face d'eux, Jeanne d'Arc ne voulut pas qu'on prît l'initiative du combat, mais décida qu'on les laisserait tranquilles s'ils n'attaquaient pas eux-mêmes. Cette conduite n'est-elle pas la preuve que la tactique de Jeanne n'était pas l'offensive, que même elle n'avait pas de tactique ?

Nous voyons, au contraire, dans l'abstention de Jeanne d'Arc la preuve évidente de la réflexion, du jugement et de la saine appréciation que les conditions de la rencontre, très différentes des actions des jours précédents, ne présentaient pas les mêmes chances de succès. Premièrement, elle avait eu avec les capitaines des hommes d'armes des démêlés réitérés qui l'avaient édifiée sur leurs hésitations et sur la crainte de l'Anglais qui leur restait au fond du cœur. Or c'était sur ces hommes d'armes à peu près seuls, qu'il faudrait compter si l'on attaquait Talbot. Les hommes des Communes, la milice orléanaise n'était bonne qu'à se faire écraser et à provoquer une panique. Les Anglais, loin de se montrer démoralisés, faisaient bonne contenance ; ils battirent en retraite en bon ordre, car La Hire qui les suivit, malgré l'avis de Jeanne, dut se contenter de tomber sur les traînards et de piller quelques bagages.

Nous ne pensons donc pas qu'on puisse conserver d'hésitation sur l'appréciation du rôle militaire de Jeanne d'Arc, dès Orléans même, sur l'essence de la tactique qu'elle y déploya, en même temps que de la prudence dont elle y fit preuve, lorsque les circonstances le commandaient.

Nous ne nous étendrons pas sur la campagne de la Loire. Nous avons déjà dit quel fut le rôle de Jeanne devant Jargeau. L'attaque du pont de Meung et celle de la place de Beaugency ne présentent rien de particulier. Quant à la bataille de Patay, il n'est pas douteux que c'est principalement à Jeanne que fut due la vigoureuse poursuite de l'armée anglaise.

Les Français venaient d'obtenir la reddition de Beaugency au secours de laquelle venaient Talbot et Falstaff. Ceux-ci, au moment où ils allaient donner l'assaut au pont de Meung, pour s'ouvrir la route de Beau-

gency, apprirent par une estafette que Beaugency était pris et que l'armée française forte
d'une dizaine de mille hommes s'avançait à
leur rencontre. Talbot, abandonnant Meung,
commanda la retraite, mais en ordre de
bataille, cherchant évidemment un de ces
terrains coupés, de haies, dont l'armée anglaise savait si bien utiliser les obstacles
naturels.

Les chroniqueurs s'accordent à répéter
qu'il y eut quelque hésitation dans l'armée
française, après la prise de Beaugency, sur la
conduite à tenir. Evidemment, le duc d'Alençon et ses capitaines n'envisageaient pas
sans une certaine appréhension cette rencontre, qui allait être la première bataille
rangée où se risquaient les Français depuis
le désastre de Poitiers; et bien que selon
Wavrin, écuyer de Falstaff, et témoin ocu-
laire, les Anglais commençassent à montrer
des signes de démoralisation, il n'est pas
certain que la victoire ne fût demeurée sous
leur drapeau, si la tactique de Jeanne n'avait
été merveilleusement servie par le hasard.

Talbot avait enfin trouvé un emplacement
à souhait. Dans un repli de terrain, semé de
haies, derrière lesquelles il avait envoyé son

avant-garde avec les bagages et l'artillerie, deux fortes haies formaient un défilé, dans lequel l'armée française était forcée de s'engager. Talbot, à pied, avec 5oo archers d'élite, se posta dans ce passage, pour donner le temps à sa bataille et à l'arrière-garde de se rejoindre pour se placer avec l'avant-garde. A ce moment les éclaireurs français, précédant une forte avant-garde, firent lever un cerf qui vint donner en plein dans les rangs anglais qui poussèrent de grands cris. C'est ce bruit qui apprit aux éclaireurs où se trouvait l'armée anglaise, masquée par le creux du terrain. L'avant-garde française puis le gros de la cavalerie, la bataille, qui suivaient, aussitôt avertis, forcèrent leur allure et tombèrent sur les archers anglais qui, ne s'attendant pas à une aussi prompte attaque, n'avaient pas pris encore leur formation habituelle. La bataille anglaise et son arrière-garde, également en retard, coururent au galop rejoindre l'avant-garde. Mais celle-ci trompée par cette allure crut que tout le monde fuyait, se mit à fuir à son tour, laissant Talbot avec les archers et une partie de la cavalerie débandée supporter tout le choc de la gendarmerie française. Ce sont ces circonstances qui expliquent le grand nombre de morts et de prisonniers que les Anglais laissèrent sur le champ de bataille.

A Patay donc encore la tactique recommandée par Jeanne d'Arc fut couronnée de succès : C'est avec vos éperons, avait-elle dit au duc d'Alençon, que vous gagnerez la bataille.

Si nous n'avons pas d'hésitation à reconnaître à Jeanne d'Arc l'intuition de la tactique la plus conforme aux circonstances et aux conditions des faits de guerre auxquels elle prit part, il nous est plus difficile de voir dans ses opérations militaires, des combinaisons à longue portée, des plans étudiés, en un mot de la stratégie.

La campagne de l'Oise est constituée par une série de coups de main, à la façon des routiers. Jeanne, d'ailleurs, avait avec elle les principaux routiers d'alors, La Hire, Xaintrailles, Chabannes, Valperga. Couper des ponts, enlever des convois, surprendre et écraser des guérillas ennemies, voilà sa besogne.

L'attaque de Pont-l'Evêque est la plus importante de ces opérations ; Jeanne avait avec elle 2,000 hommes, selon Monstrelet. Un écrivain militaire moderne nous représente cette entreprise comme un exemple de haute stratégie. Pont-l'Evêque pris, son pont détruit, l'armée bourguignonne se trouvait coupée de sa ligne de ravitaillement et dès lors sa destruction était certaine. Cette opinion est inadmissible. Si, à Pont-l'Evêque, il n'y avait que Montgomery avec quelques Anglais, à trois kilomètres de là à Noyon se trouvaient d'importantes forces bourguignonnes sous le commandement de Saveuse et de Brimeu, tellement importantes que, dès qu'elles arrivèrent au secours de Montgomery, Jeanne dut se retirer sans avoir pu détruire le pont. Elle le fit en bon ordre, puisqu'elle put emporter tous ses bagages ; mais elle fut obligée de reconnaître qu'elle ne pouvait tenir dans Pont-l'Evêque, même avec ses 2.000 hommes ! Il est bien évident qu'elle ne pouvait avoir d'autre but que de couper le pont rapidement, puis de se replier sur Compiègne. Quant à penser, qu'une fois le pont détruit, elle avait des forces suffisantes pour attaquer l'armée bourguignonne coupée de sa retraite, cela ne pouvait lui venir à l'esprit : il lui eût fallu une armée qui n'existait pas dans la région, et d'ailleurs le duc Philippe avait à sa disposition le pont qu'il venait d'établir sur l'Oise, à Choisy.

L'attaque de Pont-l'Evêque ne peut être considérée que comme une de ces opérations auxquelles se livrent les défenseurs d'une place pour en retarder l'investissement. Si le pont de Pont-l'Evêque avait été démoli, Philippe le Bon eût été obligé de le réparer avant de commencer le siège de Compiègne, car il eût éprouvé trop de difficultés dans la circulation de ses convois de ravitaillement.

L'épisode de Franquet d'Arras n'est pas plus démonstratif en faveur de conceptions stratégiques. Jeanne court la campagne, en quête de coups à faire, Franquet en fait autant ; le hasard seul produit la rencontre, Jeanne y montre des qualités tactiques indiscutables. Ne pouvant venir à bout de Franquet de haute lutte, elle l'encercle, elle l'embouteille dans les retranchements qu'il a lui-même improvisés, et envoie au galop convoquer les garnisons françaises des petites places voisines avec un peu d'artillerie, ce qui assure la capture finale.

On a épilogué sur la conduite de Jeanne

en lui reprochant d'avoir livré un prisonnier de guerre à la justice criminelle, et d'avoir laissé décapiter Franquet; c'est la thèse des Bourguignons, furieux de la perte d'un de leurs meilleurs routiers. Mais on oublie que ces routiers étaient de véritables bandits, qui avaient sur la conscience toutes les atrocités imaginables. Franquet est loin d'être le seul exemple d'exécution, malgré la qualité d'homme de guerre, que nous ait laissé l'histoire du XVe siècle. On a fait quelque bruit de ce cas, parce que les grands historiens de l'époque qui étaient bourguignons, Monstrelet, Chastellain, lui ont donné les proportions d'un événement historique, et que les juges de Rouen en ont fait un de leurs chefs d'accusation.

Il ne faut pas voir dans la sortie de Jeanne sur Margny autre chose qu'une opération du genre de celle de Pont-l'Evêque, une *sortie* selon le sens technique du mot, ayant toujours pour but de retarder l'investissement de la place. C'est vraiment faire preuve de crédulité que de croire que si Jeanne avait réussi à faire évacuer Margny par le corps de Baudot de Noyelle, les Anglais de Venète étaient voués à une destruction certaine, que

11.

l'armée bourguignonne elle-même eût été contrainte à la retraite.

Selon Quicherat, les Anglais de Venète étant suffisamment tenus en respect par la garnison de Compiègne, Jeanne se proposait de culbuter le poste de Margny, l'avant-garde bourguignonne de Clairoy, et de là accueillir le gros de l'armée bourguignonne amenée de Coudun par Philippe le Bon. Cette supposition est aussi dénuée de vraisemblance que la précédente.

Et d'abord quelles étaient les forces en présence. Les Bourguignons étaient au nombre de quatre mille et les Anglais de quinze cents, selon Monstrelet. Chastellain dit que la Pucelle sortit de Compiègne avec cinq cents hommes. Est-il possible d'admettre, non seulement qu'elle pût espérer lutter contre les 4.000 Bourguignons avec ses 500 hommes, ni même triompher des 1.500 Anglais de Montgomery ?

Mais il nous est facile de nous rendre compte de la portée qu'elle assignait à l'opération par deux faits : premièrement, l'heure tardive de l'expédition, quatre heures de l'après-midi ; deuxièmement, les précautions prises en vue de la retraite, les bateaux disposés sur l'Oise, avec des archers, les murailles garnies d'artillerie et d'archers pour tenir l'ennemi, notamment les Anglais, à distance ; enfin, la défense était complétée par le boulevard édifié à l'entrée du pont.

A l'heure choisie, l'ennemi ne devait plus s'attendre à une attaque, et, en effet, la plupart des gentilshommes n'étaient pas armés. Il ne s'agissait donc que d'une courte sortie, d'un coup de main, visant à chasser l'avant-garde bourguignonne de Margny, à faire quelques prisonniers de marque, et rentrer ensuite à Compiègne. Il se peut que Jeanne ait cédé à une pression de la population qui, la croyant capable des prouesses les plus miraculeuses, lui laissait à peine le temps de se reposer (elle était entrée le matin même à Compiègne, à quatre heures) et la voulait mettre en action dès le jour même. Nous ne pouvons croire qu'elle ait cru elle-même à une opération sérieuse alors qu'elle venait, quelques jours avant, de montrer, contre Franquet d'Arras, qu'elle savait mettre le nombre de son côté et ne pas engager une action téméraire.

Telle qu'elle se déroula, cette action, nous en convenons, eut toutes les apparences d'une entreprise imprudente ; mais tout simplement parce que la seconde partie de l'opération ne fut pas exécutée. En effet, aucun des moyens préparés par Flavy, de concert avec Jeanne, pour soutenir la retraite, ne fut mis en œuvre.

Ces moyens visaient surtout à arrêter les Anglais, s'ils tentaient de se joindre aux Bourguignons. On a prétendu que les rangs anglo-bourguignons et français s'étant mêlés, la place s'était trouvée dans l'impossibilité de tirer.

Les Anglais, venant le long de la prairie qui bordait l'Oise, avaient près de trois kilomètres à faire jusqu'à la chaussée qui la traversait de Compiègne à Margny. Cette manœuvre n'était masquée par aucun accident de terrain ; elle était aussi facile à voir des remparts qu'elle le fut de la troupe de Jeanne, puisque cette troupe se voyant menacée d'être coupée de sa retraite précipita son mouvement de retraite en débandade. Or de la place *rien ne fut tenté pour s'opposer à la marche des Anglais.* Quant à la mêlée, il est aisé de juger de son importance par le nombre excessivement faible des prisonniers qui furent faits : Jeanne, son frère, son maître d'hôtel qui était Jean d'Aulon et un chevalier dit Ponthon le Bourguignon. C'est tout.

Les chroniqueurs bourguignons accusent du côté des Français environ quatre cents hommes hors de combat, la plupart noyés en voulant se sauver par les bateaux. Du côté bourguignon, il n'y aurait eu que des blessés, pas de morts. Perceval de Cagny prétend, au contraire, que le combat ne fit que peu de victimes. En somme, quelle que soit l'exagération de part et d'autre, on peut dire que cette affaire fut peu meurtrière et n'aurait eu qu'une faible importance sans la prise de la Pucelle. Ce qui demeure acquis, par le nombre infime des prisonniers, c'est que la mêlée fut peu de chose, et ne se produisit guère qu'autour de Jeanne, dont les Bourguignons se disputaient la prise. Par conséquent ce n'est pas la mêlée qui empêcha de tirer ; en tous les cas, il était facile de faire une démonstration qui eût arrêté le mouvement anglais et au besoin la poursuite des Bourguignons.

D'autre part, le nombre des Français engagés dans la mêlée était assez faible pour qu'il ne fût possible qu'à un très petit nombre d'ennemis de pénétrer en même temps qu'eux dans la ville. Aussitôt Jeanne et son entourage entrés, il ne devait pas être difficile à la garnison de repousser ceux qui la suivaient et de fermer les portes, d'autant qu'ils étaient pris entre le feu de la ville et celui du boulevard, dont la garnison n'avait pas été entamée.

Pour nous, la sortie de Margny est incompréhensible si l'on n'admet pas la trahison de Flavy. Les opinions sont partagées à cet égard ; Quicherat n'y croit pas. Notre conviction est que cette trahison ne fait pas de doute. Fut-elle préméditée ? Ou bien Flavy saisit-il l'occasion inopinée de se débarrasser d'un compagnon d'armes encombrant ? Il est difficile de se prononcer. Mais on sait fort bien que Flavy était un homme sans scrupules, qu'il était une créature de La Trémoïlle, et nous savons par la lettre de Regnauld de Chartres avec quel sentiment de satisfaction ces courtisans accueillirent la nouvelle de la capture de la Pucelle. Guillaume de Flavy était un capitaine de grande valeur et un ambitieux des plus habiles. Il avait fort bien compris ses intérêts en refusant, contrairement à l'ordre de la Trémoïlle, de livrer Compiègne au duc de Bourgogne, et en faisant la sourde oreille aux offres d'argent que celui-ci lui avait faites. Quelle que fût l'issue du siège de Compiègne, il n'en retirerait que des bénéfices. S'il demeurait vainqueur, il devenait un des premiers capitaines du roi de France, et pouvait en attendre honneurs et bénéfices. S'il était obligé de capituler, il saurait choisir son moment et se vendre pour un bon prix à Philippe le Bon.

Comme homme de guerre, il lui eût été souverainement désagréable de ne plus être le premier à Compiègne ; et il faut bien dire qu'au point de célébrité où Jeanne était parvenue, elle agissait partout en commandant en chef, et ne supportait aucune autorité en contradiction avec la sienne. Les chroniqueurs se sont faits l'écho des capitaines qui se plaignaient que toute la gloire de leurs faits d'armes était reportée à la Pucelle.

Dans son procès, Jeanne semble témoigner d'un certain découragement qui suivit son échec devant Paris, et sans doute aussi les indices de jalousie et d'hostilité qu'elle avait surpris à la Cour. Elle déclare que depuis un certain temps elle s'en rapportait aux capitaines, comme si elle se désintéressait du commandement. C'était peut-être son sentiment ; mais les soldats et les populations n'auraient jamais admis cette position d'effacement : son avis devait toujours être sollicité et faite loi. Il n'y a donc pas de doute que Flavy, à Compiègne, eût été en face de Jeanne relégué à un rang secondaire, et n'eût tiré personnellement aucune gloire des succès et des mesures dictées par son expérience. Comme il n'avait d'autre guide moral que l'intérêt personnel, il saisit l'occasion de se débarrasser de Jeanne avec le même sang-froid dont il fit preuve, quand, pour cacher aux Compiégnois la mort de son frère, tué à ses côtés, il fit sonner aux trompettes leurs airs de bravoure.

Pour conclure, en ce qui concerne le rôle militaire de Jeanne d'Arc, nous dirons que si son influence directrice dans les conseils de guerre et dans les combats ne peut être contestée, si elle a déployé toutes les ressources de la tactique offensive sous toutes ses formes, les tentatives faites pour lui attribuer des combinaisons stratégiques ne sont rien moins que prouvées. Cela ne veut pas dire qu'elle eût été incapable de profiter de l'expérience que les vieux routiers ses compagnons, La Hire, Xaintrailles et autres, avaient acquise dans mainte campagne et dont, notamment, ils donnèrent une démonstration si éclatante dans la savante manœuvre qui fit lever le siège de Compiègne. Mais pour faire de la stratégie, il faut faire manœuvrer une armée, et, en réalité, Jeanne n'eut jamais à conduire que des guérillas bonnes seulement pour des surprises ou des coups de mains, dont la tactique obéissait à des règles aussi simples que peu variées et peu nombreuses.

Nous avons dit que le rôle politique de Jeanne d'Arc se déduisait de son rôle militaire. En effet, l'action qu'elle eut sur la situation politique de la France fut l'effet de ses premiers succès militaires. La levée du siège d'Orléans, la campagne de la Loire, terminée par la victoire de Patay, ces événements merveilleux accomplis en quelques semaines sous l'inspiration d'une jeune vierge, eurent un retentissement énorme, non seulement en France, mais dans toute l'Europe. Mais ce serait une erreur de croire que l'émotion profonde suscitée en France fut seulement faite d'admiration pour les faits d'armes, et d'étonnement qu'ils eussent été accomplis par une femme. En somme, ces faits d'armes n'avaient rien qui ne rentrât dans le sort commun de la guerre, et leurs conséquences n'avaient rien de si extraordinaire. Les Anglais étaient repoussés des bords de la Loire, voilà tout ; ils conservaient toujours la Guyenne, la Normandie, Paris ; grâce à l'alliance bourguignonne, ils commandaient la Champagne et la Picardie. Quant au fait que ces exploits étaient dus à une femme, il ne signifiait autre chose que l'apparition d'une nouvelle amazone.

Ce qui était important, ce qui était nouveau, c'est que cette héroïne annonçait l'expulsion de l'étranger envahisseur, et la restauration de la monarchie légitime représentant le sentiment national. En un mot Jeanne d'Arc, par son geste, éveillait dans la conscience française l'idée jusqu'alors confuse de la patrie.

L'idée de patrie existait, en effet, au temps de Jeanne d'Arc ; le mot même avait été déjà prononcé ; mais ce sentiment demeurait très vague et se confondait avec le devoir de fidélité féodale due au suzerain suprême, le roi de France. Les Bourguignons savaient très bien que leur souverain immédiat, le duc de Bourgogne devait hommage au roi de France ; de même les Bretons, pour le duc de Bretagne ; mais ils ne se croyaient personnellement tenus qu'envers leur duc, laissant à celui-ci le soin de régler la question d'hommage. Cependant, déjà, dans bien des esprits, des doutes s'étaient élevés sur le point de savoir si la fidélité au suzerain immédiat ne devait pas reconnaître des limites ; si, lorsque ce prince se mettait en état de guerre contre le roi, il ne commettait pas un acte de rébellion qui avait pouvoir de délier ses sujets de l'obéissance féodale. C'est surtout lorsqu'il s'agit de la lutte contre l'étranger envahisseur, l'Anglais, que cette notion parut claire à certains.

Le progrès de l'idée se manifesta plus tôt dans les villes que chez les seigneurs. Dans les villes il y avait plus d'instruction, partant plus de souvenirs de la littérature latine, où le sentiment patriotique avait été si intense. Les religieux, qui avaient presque le monopole de la culture latine, étaient particulièrement accessibles à la notion de patrie ; les frères prêcheurs ne craignaient pas dans leurs sermons d'en répandre la semence parmi le peuple.

Les grands dignitaires ecclésiastiques et les seigneurs se montraient plus réfractaires ; tous leurs intérêts étaient largement servis par le système féodal : le moins de maîtres possible, et pas de maître, si possible, telle était leur devise. Que la France fût aux mains de Charles VII ou d'Henri VI, qu'elle demeurât française ou devînt anglaise, ils n'y voyaient pas grande différence dans leur situation personnelle. Ils raisonnaient un peu comme certains de nos *financiers* d'aujourd'hui qui pensent que, sous le régime du Kaiser allemand, on ferait toujours des affaires en France.

Cependant, si certains seigneurs comme Arthur de Richemont servirent alternativement le roi d'Angleterre puis le roi de France, d'autres jugèrent que leur suzerain n'avait pas le droit de les mener au combat avec les Anglais contre les Français. Si la grande majorité des seigneurs bourguignons suivit sans hésitation Philippe le Bon sous la bannière anglaise, il en est qui refusèrent nettement, tel le comte d'Harcourt qui, après avoir perdu tous ses biens, dut se réfugier à la cour de France.

Isabelle de Bavière, mue par Henri V, son gendre, envoya des commissaires à Dijon pour requérir les bourgeois d'adhérer au traité de Troyes. Philippe le Bon se prêtait

à ces desseins. Sa présence à Dijon suivit
de près celle des commissaires. Le 22
février 1422, une assemblée de la ville eut
lieu pour examiner la proposition. Dans ce
premier conseil, elle fut rejetée avec indignation et par un refus unanime.

Philippe le Bon exerça alors une pression
toute-puissante sur les bourgeois ; il y eut
de nombreux pourparlers du 23 au 27, sans
résultat. Alors, le 27, le duc fit venir le maire
et les échevins au palais ducal et les contrai-
gnit, par injonction formelle, à signer le
traité. Les bourgeois obéirent, mais en obte-
nant, du prince même, des lettres formelles
qui leur donnaient acte de leur contrainte
et de leur généreuse protestation. (Vallet de
Viriville — Charles VII).

Lorsque, le 19 septembre 1417, Rouen fut
pris par les Anglais, le gros des habitants,
c'est-à-dire les bourgeois eurent en général
la vie sauve et licence de se retirer, s'ils n'ai-
maient mieux prêter serment au roi anglais.
Mais il ne leur était point permis d'emporter
autre chose que les vêtements dont ils étaient
couverts. **Vingt-cinq mille** de ces malheureux émigrèrent. Ils acceptèrent toutes les
douleurs et toutes les misères de la proscrip-

tion plutôt que de se soumettre au vainqueur. (Vallet de Viriville — Charles VII).

Empruntons au même auteur ce récit
caractéristique d'un épisode de la prise de
Meaux en 1422. Philippe de Gamaches et
ses trois confrères, moines de Saint-Benoit,
furent amenés captifs à Paris. Pierre Cauchon, évêque de Beauvais, ambitieux remuant
et vendu au parti de l'étranger, commençait
à jouir, dans les hautes régions, d'un grand
crédit. Pour faire sa cour à l'Anglais, l'évêque déploya contre ces religieux une extrême
rigueur. Il les fit mettre en basse fosse, au
pain et à l'eau, et proposa de les dégrader.
Mais les religieux se défendirent énergiquement. Ils se réclamèrent de l'abbé de Saint-
Denis, invoquant leur privilège. Les prévenus
objectèrent, en outre, juridiquement, que
« repousser la force par la force était chose
« licite à toute personne, de quelque condi-
« tion ou qualité qu'elle fût, et que le **devoir**
« **de combattre pour sa patrie** résultait de
« la loi naturelle, qui est immuable ».

L'abbé de Saint-Denis, quoique bourguignon, intervint en faveur de ses religieux qui
lui furent rendus sains et saufs. (Philippe de
Gamaches et ses trois confrères avaient

combattu dans les rangs des défenseurs de Meaux, bien que moines.)

Citons encore, du même livre, ces belles et nobles réflexions : « Tout enfantement est « accompagné d'héroïques efforts, de larmes « et des douleurs maternelles. Avant même « que d'affronter les épreuves de la vie, « l'homme a déjà reçu le baptême du sang « et de la souffrance. Ainsi naîtra, sous le « fer des Anglais, au milieu des convulsions « d'une atroce anarchie, la patrie, la France « moderne (p. 63).

« Entre ces deux compétiteurs, la France, « enjeu tragique du débat, endurait un triste « martyre. Bien des souffrances l'avaient « éprouvée : il lui en était réservé de plus « longues et plus cruelles encore. De toutes « parts sévissaient des maux inouïs, pour « lesquels le monde, ou l'effort humain ne « savait nul remède si ce n'est de les empirer « chaque jour. En cet état, les âmes, exaltées « par la douleur, s'élevaient au-dessus de la « terre, vers le siège de l'invisible justice. A « toutes les époques, et quel que soit l'état « de la littérature ou de la civilisation, les « peuples ont parmi eux des esprits qui les « ramènent et des voix qui les consolent.

« Lorsque le ciel s'assombrit, lorsque les
« âmes se troublent, ces voix chantent la
« strophe redoublée qui rapproche les poi-
« trines, et qui rallie tous les cœurs. Tel
« est parmi les nations le rôle historique de
« la poésie.

« Au quinzième siècle, la forme métrique,
« la ballade ou chanson populaire, célébrait
« les vicissitudes de chaque jour. On peut
« voir, dans la *complainte du pauvre peuple*
« que nous a conservée Monstrelet, un
« tableau général ou résumé de ces souffran-
« ces. De nombreux poètes anonymes sup-
« pléèrent le reste de cette peinture. Mais le
« cri, l'instinct qui dominait alors la poésie
« dans sa plus haute expression, c'était le
« sentiment du *patriotisme* » (p. 362).

Nous venons de voir paraître le nom du
chroniqueur bourguignon Monstrelet. Il en
est un autre aussi illustre, Georges Chastellain, officier de Philippe le Bon, son histo-
riographe officiel, dont la lecture est topique
au point de vue qui nous intéresse. Bien que
Chastellain ne laisse passer aucune occasion
de célébrer la grandeur d'âme, la gloire, le
faste de son prince, il est visiblement gêné
quand il se trouve dans la nécessité de parler

de sa conduite envers la France. Il passe rapidement sur l'assassinat du duc d'Orléans par Jean sans Peur, mais s'étend longuement et à maintes reprises sur le meurtre de Jean sans Peur. Le premier n'est qu'une faute, un événement regrettable, le second un crime sans nom, que Philippe le Bon se trouve dans la cruelle nécessité de venger par tous les moyens, même en se révoltant contre son roi et en soutenant de ses armes l'invasion étrangère. Mais au milieu de ses efforts réitérés pour excuser Philippe le Bon, il laisse percer sa propre haine de l'Anglais, son propre patriotisme français ; on sent qu'il plaide coupable. Aussi, plus tard, après le traité d'Arras, que d'éloges dithyrambiques de cet illustre duc, de ce bienfaiteur de la France, qui a rendu la paix au royaume ! Philippe le Bon, l'ambitieux plein de duplicité, traître à son pays, à son roi, à son sang, devient le parangon du patriotisme !

Ainsi le sentiment du patriotisme s'imposait aux chroniqueurs bourguignons eux-mêmes. Nous nous sommes un peu étendu sur ce sujet; mais il était indispensable de revenir, après Vallet de Viviville, Guibal et autres, sur ce fait que l'idée de patrie, à l'apparition de

Jeanne d'Arc, existait à l'état latent au sein des populations françaises, malgré l'affirmation récente que le patriotisme français ne remonte pas au-delà de la Révolution.

Ainsi l'idée de patrie était, si l'on peut dire, dans l'air, quand Jeanne apparut. Son œuvre fut essentiellement de la formuler, de lui donner un corps, de la rendre sensible aux consciences.

Evidemment la formule ne pouvait pas être celle de la Révolution, indépendante des gouvernements. Au temps de Jeanne d'Arc on ne pouvait concevoir la nation comme un être essentiel. De même que le pays, c'était le royaume, le saint royaume de France, selon l'expression de Jeanne d'Arc, la nation française était le peuple du roi de France. A la Révolution, nous avons eu un emblème de la patrie, le drapeau tricolore. Sous la royauté, le drapeau de la France était le drapeau des fleurs de lis, et celui qui incarnait la France était le chevalier qui portait sur ses armes les fleurs de lis : la patrie, c'était le roi.

Donc, au temps de Jeanne, personne ne pouvait concevoir la patrie autrement qu'en la fidélité à celui qui la représentait. En annonçant, en provoquant la restauration de la monarchie légitime, l'expulsion de l'usurpateur anglais, Jeanne donnait à la conscience nationale la seule formule de l'idée de patrie qui pût être comprise alors.

Ces considérations nous permettent de comprendre l'explosion d'enthousiasme qui suivit la délivrance d'Orléans et les victoires de la campagne de la Loire. Sans que le roi eût lancé aucun mandement — il n'en avait d'ailleurs pas la moindre intention — les hommes d'armes, les gentilshommes accoururent de toutes parts, sachant bien que le roi ne peut leur donner de solde, décidés à engager tout leur bien pour marcher contre l'Anglais (Cf. la lettre des seigneurs de Laval à leur mère et leur grand'mère).

C'est ainsi que se forme l'armée qui va conduire le roi au sacre, puis — ce qui est dans l'espérance de tous, — le faire entrer en triomphe dans sa capitale. Les chroniqueurs accusent un chiffre de 3o.ooo hommes pour l'armée du sacre ; il nous paraît manifestement exagéré. La chronique du siège d'Orléans parle de 12.ooo hommes, ce qui était pour l'époque une grande armée. Le roi n'avait pas de quoi l'entretenir. Il fit à Gien

une unique paie de mise en campagne de 3 fr.
par homme, ce qui ne faisait pas 100 fr. par
personne. Déjà, à Auxerre, on fut bien aise
de trouver des vivres donnés par les habitants
qui, grâce à un fort pot-de-vin donné à La
Trémoïlle, avaient obtenu de ne pas ouvrir
leurs portes. Mais à Troyes, l'armée était
littéralement affamée. Elle manquait d'ailleurs
de bien d'autres choses que de vivres : elle
n'avait pas d'artillerie pour battre en brèche
les murailles. Le dénuement était tel que
toutes les autorités anglo-bourguignonnes
s'accordaient pour s'écrire d'une ville à l'autre qu'il n'y avait rien à redouter, que cette
troupe allait se fondre et n'arriverait jamais
à Reims.

Mais l'âme de Jeanne d'Arc infusait son
courage et sa foi dans tous les cœurs. Le plus
dur d'ailleurs était fait : elle avait mis le roi
en marche ! Ce n'avait pas été sans peine.
Ses courtisans ne voulaient pas entendre parler de cette aventure. Elle allait à l'encontre
de leurs habitudes de temporisation et culbu-
tait l'échafaudage d'intrigues lucratives qu'ils
avaient si habilement édifié.

Les deux grands machiavels de la cour, La
Trémoïlle et Regnauld de Chartres, n'avaient

peut-être pas une frayeur démesurée des ren-
contres sanglantes auxquelles exposait cette
expédition. Ce qui les touchait, c'est qu'elle les
mettait vis-à-vis de leur partenaire en duplicité, Philippe le Bon, dans une position tout à
fait fausse. Jusqu'alors Philippe le Bon avait
su garder vis-à-vis de la Cour de France une
attitude équivoque. Bien qu'allié de l'Anglais, il trouvait toujours des prétextes pour
ne lui prêter qu'un concours restreint. S'il
prenait part à quelque expédition c'était pour
remettre en son obéissance quelques-unes
des villes de Picardie, ou pour remplir son
rôle de protecteur suprême de la ville de
Paris. La seule démonstration importante
dans laquelle il jouera un rôle prépondérant,
ce sera le siège de Compiègne, où son armée,
d'ailleurs, en partie, est à la solde de l'Angleterre (voir plus haut). Et encore, ici, semble-
t-il uniquement préoccupé de maintenir ses
communications avec ses propres Etats.

Pendant ce temps, il envoie des ambassades
au roi de France, ou en accueille les émis-
saires. Il amuse Charles VII avec des trèves,
des conventions qui n'ont d'autre but que de
le paralyser. Le Dauphin semble, en toute
occasion, se laisser duper ; mais on oublie

12.

qu'il n'est à cette époque qu'un comparse ; que les premiers rôles sont dévolus à La Trémoïlle et à Regnauld de Chartres. Or, si nous n'avons pas pour celui-ci de preuves convaincantes de vénalité, il n'en est pas de même pour la Trémoïlle qui ne perdait pas une occasion de remplir ses poches, comme il le fit à Auxerre. Philippe le Bon posait pour le prince fastueux. Il ne laissait pas passer une occasion de combler de présents et d'argent les ambassadeurs de France, et y trouvait une satisfaction d'amour-propre d'autant plus grande que ses propres envoyés à la Cour de France n'y recevaient jamais un rouge liard. Le pauvre Dauphin, que la chanson représente comme faisant maigre chère, et ne portant qu'un houseau, parce qu'il n'avait pas de quoi faire raccommoder l'autre, n'était guère en état de faire des largesses. Mais il faisait très bon négocier avec Philippe le Bon, et La Trémoïlle, qui avait un pied dans les deux Cours, savait à quoi s'en tenir.

L'expédition du sacre, suscitée par Jeanne d'Arc, venait brutalement couper court à toutes ces fructueuses combinaisons. C'est à la pointe de l'épée qu'on négocie avec le duc de Bourgogne, dit un jour la Pucelle. Elle avait bien, au début de l'entrée en campagne, fait écrire au duc pour le sommer de rentrer dans le devoir, et s'unir au roi pour chasser les Anglais. Mais, à ce moment déjà, elle savait à quoi s'en tenir sur la valeur des négociations avec la Bourgogne (Cf. sa lettre aux Rémois). Il était plus que douteux que Philippe le Bon tînt le moindre compte de la missive de Jeanne. Ce qui était fort probable, au contraire, c'est qu'il prît ombrage de l'expédition et fît sentir sa mauvaise humeur à La Trémoïlle et ses complices. Sa situation était, en effet, assez embarrassante ; il se trouvait presque mis en demeure de se prononcer, cette fois, pour ou contre l'héritier légitime de la couronne. Il s'en tira en envoyant à Charles VII une ambassade qui s'arrangea pour n'arriver qu'au lendemain du sacre, et en même temps prit de nouveaux engagements vis-à-vis de Bedford, qui ne se croyait pas assez puissant pour montrer qu'il n'était pas dupe de son cher beau-frère.

Le conseil de Charles VII avait donc fait tout ce qui lui était possible pour empêcher l'expédition de Reims. Mais il lui était difficile de résister au cri unanime des Français qui, de leur plein gré et sans solde, venaient tous les jours se ranger sous la bannière royale. Pour forcer la main au roi, Jeanne, de sa propre initiative, prononça le mouvement de marche, en allant avec sa compagnie camper à quatre lieues en avant de Gien.

Le conseil royal, toutefois, n'avait pas désarmé. Jusqu'après Troyes, ce ne sont que discussions et propositions de retour en arrière. Un auteur, qui préfère donner une violente entorse à l'histoire plutôt que d'accorder à Jeanne le plus petit mérite dans cette entreprise, raconte qu'elle fut imaginée par Regnauld de Chartres qui était pressé d'aller à Reims toucher les arrérages de son archevêché. Quant à Jeanne, qui n'avait aucune idée de la route (bien qu'elle l'eût faite moins d'un an auparavant), ni du but du voyage, elle joua dans l'affaire quelque chose comme le rôle d'une malle, qu'on emporte dans les bagages. La fausseté de cette hypothèse est par trop grossière, devant l'unanimité des chroniqueurs qui ont rapporté l'initiative, l'insistance opiniâtre de Jeanne et l'opposition non moins opiniâtre de la Cour.

L'idée d'attribuer à Regnauld de Chartres l'initiative de l'expédition est d'autant moins heureuse, que c'est précisément à lui que les chroniques attribuent la résistance à la marche en avant, et la motion de battre en retraite, lorsque l'armée était arrivée sous les murs de Troyes.

Cette retraite était, en effet, chose arrêtée quand Robert Lemasson proposa au Conseil de faire appeler Jeanne, pour avoir son avis, puisque *c'était sur ses instances que l'entreprise avait été décidée.* Jeanne répondit de la soumission de Troyes avant deux jours. Et l'archevêque de Reims de répartir : « Ah ! Jeanne, qui seroit certain de l'avoir dans six, on l'attendroit bien ! »

On l'eut dans deux, et Jeanne accomplit alors une de ses plus jolies prouesses d'offensive et d'intimidation. L'armée, affamée, était peu propre à faire l'effort d'un assaut ; on n'avait pas d'artillerie. Jeanne fit mettre tout le monde aux fascines, et jeter dans les fossés tout ce qu'on avait sous la main, pièces de bois, meubles, portes, fenêtres, taudis, comme on disait en ce temps. En même temps on apprêtait ostensiblement les échelles. Les Troyens, forts de ce qui s'était passé à Auxerre, persuadés qu'eux aussi n'auraient qu'à fermer leurs portes au nez de l'ennemi, commencèrent à être ébranlés par ces pré

paratifs d'assaut. D'autre part, des bruits
sinistres couraient : Jeanne, grâce à l'aide
de l'Esprit malin, pouvait faire voler ses troupes par dessus la muraille. C'était, du
moins, l'opinion du frère Richard qui sortit
de la ville en chantant des cantiques appro-
priés et vint asperger Jeanne d'eau bénite :
« N'ayez pas peur, lui dit-elle, je ne m'envo-
lerai pas ! » Frère Richard fut retourné, et
courut apprendre aux Troyens que l'eau
bénite n'ayant pas fait évanouir la Pucelle
en fumée, elle était manifestement l'envoyée
de Dieu. En même temps Charles VII faisait savoir aux habitants qu'il leur octroie-
rait ce qu'ils voudraient pour leurs foires, le
transport de leurs marchandises. Entre ces
faveurs et l'assaut, le choix fut vite fait. La
reddition de Troyes décida de celle de
Châlons et de Reims.

Le sacre de Charles VII, dû à l'initiative
unique de Jeanne d'Arc, qui l'emporta de
haute lutte contre les conseillers mêmes du
roi, est une œuvre d'une portée considérable,
qui fait d'autant plus d'honneur à son intelligence politique, que personne à la Cour n'en
avait jusqu'alors soupçonné l'importance.

Avant le sacre, Charles n'est que le dauphin du Viennois ; il a été déshérité de la succession royale ; battu partout, il est incapable de tenir la campagne ; il est devenu une quantité négligeable.

On s'en préoccupe si peu que le roi anglais n'a pas encore songé à se faire sacrer à Reims, quoique cette ville soit en son pouvoir, et qu'il n'y ait sur le trajet aucune force militaire en mesure de lui barrer la route.

Peut-être Philippe le Bon, s'il en a été question, a-t-il eu l'habileté de faire entendre que rien ne presse, car Philippe le Bon ne désire pas plus voir la couronne sur la tête d'Henri V que sur celle de Charles VII. Il s'est dit bien des fois que le double jeu qu'il joue entre les deux compétiteurs pourrait avec un peu d'aide tourner à son propre profit. Au lieu de l'Anglais impopulaire, de l'héritier légitime incapable et disqualifié, n'est-il pas lui-même tout désigné pour porter le sceptre ? Et s'il ne veut pas, ou ne peut pas réaliser une si haute ambition, ne peut-on d'une part ou de l'autre payer son concours par la reconnaissance de son indépendance absolue, en érigeant ses Etats en royaume ?

Ne savons-nous pas que, même après le traité d'Arras, Philippe le Bon continua sa politique de bascule, qu'il caressa toujours l'idée de devenir roi de Bourgogne, et éluda jusqu'au bout les invitations du roi de France à accomplir la formalité de l'hommage qu'il devait comme vassal de la couronne ? Est-ce que Charles le Téméraire ne continua pas la politique paternelle, et n'y eut-il pas un moment, à la veille de sa défaite à Morat, où il fut assuré que l'Empereur germanique allait lui octroyer la couronne tant désirée ?

La politique de Philippe le Bon n'a plus de mystère aujourd'hui. Le sacre de Charles VII venait porter un coup funeste à ses projets ambitieux. Il était plus grave encore pour l'Angleterre, qui s'était endormie dans une trompeuse quiétude et qui essaya, en vain, de le parer en faisant sacrer Henri VI à Paris, dans une cérémonie contraire à la tradition, dont les populations ne furent pas impressionnées.

Bien que l'époque fût passée où l'Eglise faisait plier le genou aux rois et aux empereurs, sa puissance sur les âmes était encore immense. A l'époque de Jeanne d'Arc, il n'y avait aucun acte de la vie où l'Eglise n'intervint en autorité presque souveraine. Alors que s'agitait en France, devant l'Europe attentive, le grave problème de la succession à la couronne de France, l'Eglise tranchait la question avec toute la solennité, toute la gloire majestueuse d'une cérémonie nationale dont la tradition reportait l'origine à Clovis.

Il n'y avait plus de dauphin du Viennois, de roi de Bourges : il y avait le roi de France, oint de l'huile sacrée. Devant ce roi, sur les membres duquel l'archevêque avait répandu la sainte ampoule, qui avait été guérir les écrouelles à saint Marcoul, les sujets fidèles se prosternaient, ouvraient leurs portes, livraient leurs villes et leurs forteresses. Et d'ailleurs, la protection de Dieu ne venait-elle pas de s'étendre sur lui en lui accordant des victoires miraculeuses ?

Aux yeux de toute la France, aux yeux des Anglais, il y a quelque chose de changé en France, avec quoi il faudra désormais compter. Pour Philippe le Bon surtout, il y a quelque chose de changé, car les espérances qu'on pouvait former sur l'instabilité de l'avenir du dauphin devront s'évanouir devant le roi sacré à Reims.

Le sacre de Reims fut donc un acte de profonde politique et par sa portée et par la rapidité avec laquelle il suivit les succès militaires remportés sur les bords de la Loire. C'est une des gloires de Jeanne d'avoir compris qu'il fallait sans tarder profiter du retentissement des premières victoires, pour courir à Reims en un raid audacieux, pour y porter, par le sacre du roi, un coup plus retentissant encore ; et combien cet acte ferait plus pour l'autorité royale que les prises de forteresses, les batailles rangées auxquelles on s'attarderait avec les chances toujours aventurées de la guerre.

Après le sacre de Reims, la troisième étape de la mission que Jeanne s'était tracée était la prise de Paris. Son importance, sa nécessité étaient si évidentes que ce n'était qu'un cri dans l'armée : marcher sur Paris ! La capitale du royaume rentrée au pouvoir de Charles VII, c'étaient les trois quarts de la besogne faite : le reste viendrait par surcroît et les Anglais pourraient déguerpir dans les délais conformes à la prédiction à laquelle tenait tant la pauvre héroïne.

Hélas ! La Trémoïlle et Regnauld de Chartres devaient prendre leur revanche. Au lendemain même du sacre les négociations reprenaient avec Philippe le Bon. Une première trève, une seconde bientôt étaient conclues, dont les conditions équivalaient pour Charles VII à une défaite non moins désastreuse que celles d'Azincourt et de Poitiers. Le roi se retirait derrière la Loire, il abandonnait à elles-mêmes les villes de la Champagne et de la Picardie qui s'étaient données à lui ; il emmenait de force Jeanne qu'il tenait presque séquestrée, et qu'il envoya, par une sorte de dérision, assiéger Saint-Pierre le Moustier, sans argent, sans munitions, au cœur de l'hiver.

Heureusement, il y avait encore des Français. S'ils n'étaient pas à la Cour du roi de France, ils se battaient toujours pour la France. Compiègne, qui avait refusé de se laisser vendre par La Trémoïlle au duc de Bourgogne, se préparait à soutenir contre lui un siège mémorable. De l'Ile de France à la Picardie, La Hire, Xaintrailles, Chabannes, Valperga, tenaient la campagne avec leurs routiers, pendant que Richemont d'une part, d'Alençon de l'autre conduisaient leurs guérillas sur les frontières de la Normandie.

Jeanne s'évada de cette Cour où l'on ne

sentait plus les battements du cœur de la France. Si son roi l'avait abandonnée et la France avec elle, partout le feu du patriotisme qu'elle avait allumé brûlait encore. Elle courut où son éclat était le plus vif, dans cette vallée de l'Oise qui vit ses chevauchées infatigables, dans cette patriotique cité de Compiègne, pleine de si bonnes gens, disait-elle, où la poursuivit la trahison ourdie par La Trémoïlle et perpétrée par Flavy.

Alors un silence funèbre remplace l'épopée triomphale. Seul Regnauld de Chartres a parlé ; mais c'est pour laisser percer la satisfaction qu'il éprouve de la disparition de l'indisciplinée qui a jeté tant de fois sa volonté au travers de ses tortueuses intrigues. Puis plus rien. Personne n'élève la voix en faveur de la victime de la vengeance anglaise. C'est que tout le monde est frappé de trouble : l'Eglise a étendu sur Jeanne sa main terrible : Jeanne est accusée d'hérésie ! Prendre sa défense n'est-ce pas se déclarer complice ? Et alors, c'est la prison perpétuelle, pour le moins, c'est le bûcher peut-être. Ces procès-là chacun sait qu'on n'en revient jamais ; tout le monde se tait.

Mais la flamme qui a consumé le pauvre

corps vierge n'est rien auprès de celle qu'elle a allumée au cœur des Français : l'amour de la patrie. Morte, elle continue à animer le courage de ses camarades les routiers ; c'est son âme qui retient la victoire sous les plis de leur bannière ; c'est son autorité opiniâtre qui commande au roi l'offensive décisive ; c'est bien Jeanne qui boute l'Anglais hors de France !

Il fallait que son souvenir fût bien glorieux, que la portée de son rôle politique et patriotique se fît encore victorieusement sentir, pour que, trente ans après sa mort, Charles VII ait osé élever la voix et réclamer de l'Eglise la rétractation de sa sentence. Ou plutôt, si la réhabilitation put être prononcée, il n'en faut pas faire seulement honneur au roi : l'idée semée par l'héroïne portait ses fruits : l'Eglise céda à la *VOX POPULI*.

DOCUMENTS ANNEXES

MADAME D'OR

Documents.

Quicherat, T. IV, p. 297. *Manuscrit de Jean Rogier :* « que celuy écuyer qui luy « avoit apporté ces nouvelles, certifioit avoir « veu Jehanne la Pucelle, et qu'il estoit « présent quand les seigneurs de Rochefort, « Philippe de Molan et aultres l'interrogè- « rent ; et qu'il leur avoit affermé par sa foy « que c'estoit la plus simple chose qu'il vit « oncques ; et qu'en son faict n'avoit ny rime « ny raison non qu'en le plus sot qu'il vit « oncques ; et ne la comparoit pas à sy vail- « lante femme comme Madame d'Or ; et que « les ennemis ne faisoient que moquer de « ceux qui en avoient doubte. »

Etrennes de Mme d'Or. « A luy (Huart du « Vivier) pour un autre fermail que sembla-

« blement mondit seigneur donna ledit jour
« de l'an XXXj à la dame d'Or, *sa folle,*
« pour ses estraines, XX salus. » De Laborde :
Les ducs de Bourgogne, I, p. 330. Cité par
P. Champion.

Le 4 mars 1435, Philippe le Bon constituait une rente de 20 francs au profit de
Jeannette, mère de Guillemette, dite dame
d'Or, *servante* de Madame la Duchesse...
(Arch. de la Côte-d'Or, cité par S. Luce).

*Description du banquet du mariage de
Philippe le Bon avec Isabelle de Portu-
gal, par Jean Lefèvre de Saint-Remy.* « Et
« enfin il y eult un grant entremetz d'un
« grand pasté ou il y avoit un mouton tout
« vif taint en bleu, et les cornes dorées de fin
« or. Et en iceluy pasté avoit un homme
« nommé Hansse, le plus appert homme que
« on sceult, vestu en habit de beste sauvage.
« Et quant le pasté fut ouvert, le mouton sailly
« en bas et l'homme sur le bout de la table, et
« alla au long de l'apuye du banc luiter et
« riber à Madame d'Or, une moult gracieuse
« folle et qui bien savoit estre, qui estoit assise
« au milieu de deux grans dames, aussi
« hault que l'appuye du bancq ; et en luiter
« et riber firent moult d'esbattemens. »

P. Champion, note p. q. — A la date de juillet 1459, la dépense suivante faite par Charles d'Orléans : « Au père de la *petite* « folle Marguerite, nouvellement amenée à « M. d. S. pour don à luy fait par M. d. S. « pour s'en retourner en son hostel : pour ce « viijl. xvs. t. » De Laborde. Hist. des ducs de Bourgogne, III, p. 398.

*
* *

Voilà tout ce que l'on sait de Madame d'Or ; et encore cette dernière note n'est peut-être pas relative à Madame d'Or. Elle s'appelait Guillemette et non Marguerite ou Margot. Philippe le Bon constitue une rente de 20 fr. au profit de sa mère et de son frère ; il n'est pas parlé de son père, qui, si Guillemette n'était pas fille naturelle, devait donc être mort, selon toute probabilité.

Le fait d'être nommé *sotte*, *folle* du duc de Bourgogne doit il être interprété comme signifiant que Madame d'Or était une aliénée, une idiote ? Evidemment non, ces personnes étant absolument insociables. Le terme de *sot*, synonyme de celui de *fou*, doit s'entendre d'un simple d'esprit, d'un original, d'un déséquilibré, dont les saillies, les boutades, les coq-à-l'âne divertissaient la cour du seigneur. Le mot qui me paraîtrait traduire le plus fidèlement la situation d'un *fou*, serait celui de *paillasse*, de *pitre*, personnage aujourd'hui démodé et presque disparu, qui faisait naguère la gloire des baraques foraines. Nous le retrouvons dans le *clown*, dans l'*Auguste* de nos cirques.

Notre clown revêt, comme son ascendant le paillasse, un costume grotesque. Les fous étaient fréquemment choisis parmi des personnes affectées de quelque difformité prêtant à rire, des bossus, des nains. Mais au Moyen Age, nous trouvons, dans les cours des grands seigneurs, des baladins, gymnasiarques, jongleurs, danseuses. Le fameux dîner, dont Lefèvre de St-Remy nous a conservé la description, indique des intermèdes d'acrobatie. Il n'est pas invraisemblable que certains sots ou fous aient eu des talents variés, et que ceux qui n'étaient pas contrefaits aient pu, comme nos clowns, émailler leurs pitreries de sauts périlleux, de tours de force, de danses, etc... Avec S. Luce on peut donc se représenter Madame d'Or « cette moult gracieuse folle, qui bien

savoit estre » comme une gymnasiarque,
une danseuse, qui s'était fait remarquer par
l'opulence et la couleur de sa chevelure,
quelque chose comme une Loïe Fuller de ce
temps. Tout ce qu'on peut reprocher à
S. Luce, c'est de s'être un peu laissé aller à
son imagination, en l'absence de documents
authentiques. Car il n'indique pas où il a vu
que Philippe le Bon ait été épris de Madame
d'Or et en ait fait sa maîtresse. Si ce fait eût
reçu quelque confirmation, il eût prouvé de
la façon la plus évidente que Madame d'Or
n'était pas la naine, haute comme une botte,
de M. A. France.

Il me semble cependant que nous pouvons
serrer la vraisemblance d'un peu plus près.
Si Madame d'Or eût été une naine, Lefèvre
de St-Remy aurait-il pu dire d'elle « *une
moult gracieuse folle et qui savoit bien
estre* » ? Un nain, qui a toujours une grosse
tête disproportionnée avec le reste du corps,
n'a rien de gracieux. « *Qui bien savoit estre* »
ne peut guère signifier autre chose que « *qui
savait se tenir convenablement en société* »,
ce qui exclut l'idée d'idiotie, de faiblesse
intellectuelle.

Le fait principal sur lequel s'appuie M. P.

Champion pour croire qu'elle était naine est tiré de ce membre de phrase : « qui estoit « assise au milieu de deux grans dames, « aussi hault que l'appuye du bancq ». Cet appui, dit M. Champion, était le prolongement des pieds du banc, sur lequel se posent les bras, comme on dit des *bras* d'un fauteuil ; et il en conclut qu'elle était assise sur des coussins qui la relevaient jusqu'à hauteur de ces bras.

Je préfère une autre explication. *L'appui du banc* peut s'entendre plutôt du dossier : ces bancs étant très semblables aux vieux bancs d'église. Ne peut-on pas comprendre que Madame d'Or était placée là sur une sorte d'estrade qui la rendait visible à toute l'assistance, pour faire apparaître son jeu dans l'intermède qui allait avoir lieu. En effet, Hansse, déguisé en bête sauvage, vient *luiter* et *riber* avec Madame d'Or *le long de l'appui du bancq*, autrement dit, simule une attaque que Madame d'Or repousse. Si elle avait été une naine, un peu idiote par dessus le marché, le jeu de Hansse aurait consisté simplement à venir l'effrayer, lui faire jeter des cris, pour le plus grand amusement des spectateurs. Mais alors le chroniqueur n'aurait-il pas employé d'autres mots que ceux de *luiter* et *riber*. Dans ce cas aussi Madame d'Or n'eût pas été une actrice prévue, ayant son rôle dans le divertissement. Elle eût assisté au banquet comme invitée, et il paraît bien invraisemblable qu'une simple naine ait pris rang parmi d'aussi grands personnages. J'ajouterai que si elle avait été une naine, on l'eût utilisée en raison de sa petite taille pour la faire figurer dans quelque autre pièce montée.

Je rapproche aussi ce rôle de lutteuse contre la bête sauvage, des termes dont se sert Jean de Chatillon : « *et ne la comparoit pas à* « *sy vaillante femme comme Madame d'Or* ». Cette expression me semble d'une signification non équivoque.

L'écuyer, de qui la tient Jean de Chatillon, avait de Jeanne l'idée préconçue de tous les soldats de ce temps. Les prouesses qu'on racontait d'elle évoquaient l'idée commune alors du guerrier modèle, un gros gaillard, de grande taille, d'une force herculéenne, capable de tout culbuter devant lui. C'était là ce qu'on appelait un *vaillant* homme. Ce fut une déception quand, au lieu de ce portrait, l'écuyer se trouva en présence d'une jeune fille de taille moyenne, qui d'une petite voix douce annonçait le triomphe prochain et merveilleux de son roi. Sa réflexion toute naturelle fut que cette femme de complexion fort ordinaire paraissait bien moins *vaillante* que Madame d'Or. Car il ne faut pas attribuer à ce qualificatif de *vaillante* un sens moral qu'il n'avait pas. Ainsi, ce qui le frappa c'était l'incapacité physique ; l'incapacité morale se déduisait en outre naturellement du langage qu'il entendait, qui lui paraissait une vantardise d'autant plus ridicule qu'il voyait autour de Jeanne moins une véritable cohorte de guerriers, qu'une foule disparate, mal armée, affamée, qui devait fondre à la première rencontre. C'est ce que Jean de Chatillon écrit aux gens de Reims, expliquant la prise de Troyes par la trahison de l'évêque Jean Laiguisé, et convaincu que les bandes royales n'arriveront pas jusqu'à Reims.

Ainsi Madame d'Or *estoit moult gracieuse, savoit bien estre*, portait ce nom en raison de la beauté de sa chevelure, elle figurait en public comme lutteuse contre une *beste sauvage* ; était *vaillante* femme, bien plus forte que Jeanne d'Arc ; Philippe le Bon, entre autres cadeaux, lui donnait pour étrennes un *fermail* (broche?) de XX salus, ce qui représente une valeur de 800 francs de notre monnaie, constituait à sa mère une rente de 20 francs, valeur sensiblement égale à la précédente, etc... toutes choses qui suggèrent de Madame d'Or un portrait beaucoup plus semblable à celui de S. Luce qu'à celui de M. P. Champion.

Je terminerai par une dernière réflexion : quelle que pût être l'animosité de Jean de Chatillon contre la Pucelle, prétendre qu'il la comparait à une naine idiote, c'est lui prêter une plaisanterie dont l'énormité et la grossièreté eussent enlevé toute valeur à sa lettre aux Rémois.

PIÈCES ORIGINALES

ARCHIVES DE MEURTHE-ET-MOSELLE

Layette Gondrecourt, I, n° III (B. 723).

12 février 1398 — n. st.

Dénombrement de Jean de Bourlémont pour Domremy.

NOTA. — *Cette pièce est donnée ici, quoiqu'elle soit connue par des publications antérieures, en raison de quelques divergences entre ces publications et la présente copie de l'original, faite par M. Duvernoy.*

Je, Jehan de Bouleimont, escuiers, signeur de Dompremey, fais sçavoir à tous ceulx qui ces présentes lettres verront et oiront que je teing en fiedz et hommaige de hault et puissant prince, monsigneur le duc de Bar, marquis du Pont, signeur de Cassel, toutes les choses qui s'ensueng séantes en la ville, ban et finaige dudict Dompremey, mouvans de li à cause de sa chastellerie de Gondrecourt et en ressort d'icelle, et premiers la maison et forteresse appelée l'Isle, ensemble le baille devant et les fossés entourt, le grant jardin et la moitié du meis et toutes les appartenances séantz audit Dompremey, laquelle est rendable à mon dit signeur.

Item, audit Domremey environ ving et cinq conduis de personnes lesquels doient chascun an au terme de feste Sainct-Remey, on chief d'octembre, chascun pour chascun cheval traihant qu'il at ung vaissel de froment, ung vaissel d'avoine et douze toullois, pour une vache laiteire et pour toutes bestes, brebis et aultres sourannées, pour chascune un toulloi audit terme de Sainct-Remey.

Item, li devant dis conduis doient pour chascuns cheval traihant six toullois au terme de Pasques, et qui n'a ni beste traihant, si doit-il pour son chief à ladite Pasque six toullois.

Item, il y a en ladite ville dix conduis de personnes à eschief qui doient pour chascun quatre soulz de fortz, c'est assavoir deubz soulz à Pasque et deubz soulz à la Saint-Remey.

Item, chascun des dis conduis doient chascun an deubz gellines à deubz termes, c'est assavoir une gelline à Pasque et une à la Saint-Remey, montant et avalent les dis conduis.

Item, ung four banaul en la ville de Domremey, qui peut valloir chascun an environ quatre livres tournois, montant et avalent, sur lesquels li priour de Saint-Jaque au Mont prant chascun an à cause de son dit priorey au terme de la Saint-Remey une quarte de cire et une livre de poivre.

Item ou ban et finaige de la dite ville, environ trente et cinq faulciées de prey.

Item, environ quarante jourgz de terre arable.

Item, ung désert de vigne contenant environ quatre jourgz.

Item, environ six cens arpens de boix.

Item, doit chascun conduis qui at charrue deubz jourgz de ch(1)   tramours deux jourgz en verseret et en wein deubz jourgz.

Item, chascun d'iceulx doit sacler les blefdz de mon héritaige deubz jourgz, c'est assavoir ung jour ez weins, et ung jour ès tramours.

Item, doient les dessus dis mettre dans ma dite maison et forteresse tous mes blefdz desdis héritaiges, wein et tramois.

Item, doit chascun d'iceulx seillier deubz jourgz en tremmi et deubz jourgz en tramours.

Item, en la fenison, doient séier tous mes prais, iceulx fener et mettre dedans ladite maison et forteresse avecque ceulx de Greux qui ne sont point du fiedz de mon dit signeur de Bar, c'est assavoir tous les foins appartenant à la dite maison et forteresse.

Item, doit chascun des dis conduis charroier au boix pour le langnier chascun an par deubz jourgz et amener en ladite forteresse.

Item, doient les dis conduis ensemble chascun an. au terme de la Saint-Jean-Baptiste quatre douzaines d'oysons.

Item, doient au terme de Noël trois florins pour le gras buef, et puet ce monter et avaler.

(1) Trou dans le parchemin.

Item, doient li maire et justice de la dite ville au terme de la Penthecouste la moitié de ung chastron berbis.

Item, doient au terme de Noël ung porc gras, aigié de environ trois ans, et une hache pour le tuer.

Item, demey meul de vin suffisant au pris du païs.

Item, doient les devant dis conduis et habitans le gait en ma dite forteresse à tout temps.

Item, tous ceulx des conduis dessus dis qui ne font charruaige doient pourter lettres pour mon fait toutes fois et quantes fois que besoing est.

Item, li maire et sergent de ladite Dompremey doient au terme de Noël pour les os courts d'ung port deubz soulz et demey petit fortz, ou les os courts d'ung bon suffisant port.

Item, la rivière estant dès le pont de ladite maison jusque à ung prey estant desups ladite ville par devers Courcey, appeley la fortey.

Item, ay et doie avoir la morte main en la ville de Dompremey, ban et finaige d'icelle en tout ce que je tien de fiedz de mon dit signeur.

Item, ay et doie avoir la justice haulte, moïeme et baisse sur toutes les choses dessus dites et chascun d'icelles, et ay promis et promet léalement et en bonne foid de servir mondit signeur le duc et ses successeurz de tel service comme le dit fiedz est chargiés, et que au cas appartient, en protestant que se aulcune chose y avoie laissié à mettre en cest présent dénombrement ou fuit besoing des choses dessus dites plus déclairier que je y puisse mettre, car s'auchune chose y laissoie à mettre par obli, je le cognois aussi bien à tenir à la cause que dessus, come ce que est mis, spécifiey et dénommey ci-dessus ; et que je puisse mieulx déclairier tout, se besoing est, par la forme et menière que raison est, et la nature du fiedz le requiert.

En signe de véritey, je, Jehan, escuier dessusdit a supplié et requis à religiouse personne, freire Arnoulph de la Rappe, priour de Gondrecourt de l'ordre de saint Benoid, qu'il veulle mettre son seel duquel il use en son dit priorey en ces présentes lettres avecques le mien.

Et je, freires Arnoulph, priour dessusdis, à la requeste dudit escuiert, signeur de Dompremey dessus nommeis, ay mis mon seel dudit priorey en ces présentes lettres, saufz tous drois.

Ce fuit fait l'an de grâce nostre Signeur mil trois centz quatre-vings et dix-sept, le douzime jour du mois de feivrier.

(Original parchemin scellé).

ARCHIVES DE MEURTHE-ET-MOSELLE

Layette Gondrecourt, III, n° 19 (B. 727).

30 novembre 1504.

Dénombrement de la terre de Domremy.

Nous, Henry, comte de Saulmes (Salm), cognoissons et advouons tenir en plain fied de nostre très redousté seigneur et prince, le roi de Sicille, à cause de son duché de Bar, mesmement de son chastel et chastellenie de Gondrecourt, tous ce entièrement que noz comparsonniers et nous avons et pouvons ou debvons avoir en seigneurie au lieu de Domremey-sur-Meuze, ban et finaige d'icelluy, laquelle terre et seigneurie de Dompremey est par indivis à nosdits comparsonniers, c'est assavoir à nostre cousine la Raugrefve pour ung quart, à nostre cousin le conte de Tierstein, à cause de nostre cousine, sa femme, à monsieur de Fontenoy-en-Vosge, à cause de nostre cousine, sa femme, et à monseigneur de la Roche, à cause de sa femme, nostre cousine pour l'aultre quart, et avons pour les deux aultres quartz en toute justice moyenne et basse, laquelle reprinse, foy et hommaige sommes tenus faire toutes et quantes fois que le cas eschiet, tant pour nosditz comparsonniers comme pour nous.

Et premier, nous avons audict Domremey une forte maison ainsy qu'elle est située et environnée de la rivière de Meuze avec toutes ses aisances et appartenance, ainsy que le tout se comporte.

Item, audict Domremeig, a environ de présent de vingtz à vingtz-quatre mesgnies d'hommes que sont de telle condition que chascun mesnaige ou conduit dudict lieu, qui ne fait ne met nulles bestes à la charrue pour labourer, nous doit de droit pour chascun an au jour de feste de Saint-Remeig ou chief d'octobre ung vaissel de froment et ung vaissel d'avoinne, mesure de Nuefchasteau, douze deniers toullois vaillans dix huictz deniers monnoie de Barrois et une geline. Et au jour de Pasques communiant, chaucun des dessusditz six toullois vallant neufz deniers, monnoie dessusdicte et une geline. Et les mesnaiges ou conduitz, que font tirer chevaulx à la charrue pour labourer, pour chascun cheval traihant nous doient à la dicte Saint-Remeig ung vaissel de froment et ung vaissel d'avoinne, mesure dessusdicte, et ung solz toullois d'argent. Et pour le beuf traihant à la charrue comme dit est nous doient ung bichet froment et ung bichet avoinne à ladicte Saint-Remeig, et une à Pasques pour chascun conduict, et avec ce, pour chascune beste oiseuse, et à chascun desditz termes, ung denier toullois, et pour chascune vache que ait veel l'an, six toullois, et pour une vache qui ait nouvel lait douze deniers toullois. Et puellent valoir les dessusdites grainnes par commune estimation de dix huitz à ving résalz froment et autant d'avoinne, et de six à sept francs en argent, et environ quarante poulles, monte et avalle.

Item, avons, oudict ban de Domremeig cinquant six

jours de terre labourables ou environ en nostre gaingnage dudict lieu, que nous peullent valoir par communes années de seize à dix-huictz résaulz froment, et autant avoinne, mesure que dessuz, monte et avalle. A cause duquel nostre dict gaingnage chascune charrue dudict lieu nous doit trois foix la crowée pour an, c'est assavoir en caresme, en verserot (1), et en wayn (2), et pour chascun conduict une crowée de faulcille en moisson par chascun an.

Item, avons audict ban de Domremeig de huict à dix faulchées de prey et ung breul nommé Les porchiers, lequel prez lesdicts de Domremeig sont tenuz faulchier et amasser par chascun an à la semonce de nos officiers dudict lieu.

Item, avons encore audict ban ung prey nommé Attrope, contenant environ de vingtz cinq à trente fauchiés de prey, lequel avec le dessusdict puelt valoir chascun an par commune estimation de seize à dix huictz francs, monte et avalle.

Item, chascun mesnaige ou conduict nous doit à chascun an, audict terme Saint-Remeig, pour leurs fours ung vaissel d'avoinne, que nous peullent valoir par chascun an environ de neuf à dix résaulz d'avoinne, monte et avalle.

Item, avons audict Domremeig, un moulin et ung battant que nous peullent valoir par chascun an de vingtz à vingtz-cinq résaulz froment, monte et avalle.

Item, la rivière bannale est à nous, ainsy que le ban dudict Domremeig se comporte, que nous peult valoir par

(1) Premier labour de terre.
(2) Mois du gain, septembre.

chascun an de deux francs à trente gros, monte et avalle.

Item, avons audict ban de Domremeig de douze vingtz à trois cents arpens de boix, et quant le mort boix se vent par nosditz officiers, ou aulcune paison y survient, nous peult valoir par communes années de trente gros à trois francs, monte et avalle.

Item, audict Domremeig, y a aulcunes maisons et places particulières que nous doient par chascun an, audict jour Saint-Remeig, aulcunes rentes que vallent par chascun an trente-trois gros que ne monte et avalle.

Item, lesdictz de Domremeig nous doient par chascun an au jour de Noël une droicture nommée le gras bœuf, que nous vault trente gros, ne monte ne avalle.

Item, lesdictz de Domremeig nous doient, par chascun an, au jour de feste Sainct-Jean-Baptiste de rente quatre douzainnes d'oisons, que ne monte ne avalle, que peullent valoir par commune estimation de trente gros à trois francs.

Item, et si aulcun audict Domremeig estoit prins en nos dicts boix avec son hernois, ou aulcun deforains sans licence et congié de nous ou de nosdictz officiers, ilz commectroit soixante solz d'amende, monnoie de Barrois, et une malle d'or sur les deforains, avec le droit des forestiers.

Item, toutes amendes, quelles qu'elles soient, haultes, réglées, moyennes et basses, avec toutes confiscations et espaves qui se font audict Domremeig, ban et finaige d'icelluy, avec toutes choses ci-dessuz déclarées, nous appartiennent avec nos dessusdictz comparsonniers, chaucun pour son advenant, et peullent valoir les exploits de justice par communes années de trente à quarantez solz barrois, monte et avalle.

Item, nous avons à cause de nostre dicte maison de l'Isle plusieurs hommes féodaulx que reprennent de nous et sont tenuz de reprandre en foy et hommaige à l'occasion de ce qu'ilz tiennent dessoubz nous ez lieu du han Moncel et Happoncourt, mesmement les héritiers de feu Girard de Legnéville, c'est assavoir, Messire Ferry de Tantonville et les enffans et héritiers de messire Henry de Legnéville, les hoirs et héritiers de Nicolas et George du Han, nommés Pierre de Chailley, Amé et Nicolas du Han, les hoirs et héritiers du grant George du Han, nommés Claude du Han, Colas du Han et Pierre Picart, ung aultre nommé Claudot du Han, chascun pour son advenant, c'est assavoir de tout ce que les dessusdictz ont de présent et dessusdictz lieux de seigneurie, en hommaiges, en dismes, en crowée, en terres, en prez, en vigne, en boix, en rivière, en cense, en rente, en toute justice haulte et moienne et basse, sans rien excepter et retenir dont ilz ont reprins de nous et promis le service tel que le fied le requiert.

Protestant que ce par inadvertance aviens aulcune chose obmiz, de accroistre ou adjouster, et aussi corriger et diminuer, se aulcune chose y aviens mis au préjudice d'aultruy, que estre n'y deust, toutes et quantes foix qu'il viendra à nostre cognoissance, et que mestier sera.

En tesmoing de vérité, nous, Henry, comte de Saulmes, avons signé ces présentes de nostre seing manuel, avec ce scellée de nostre seel pendant à ces dictes présentes, faictes et passées le darnier jour du moix de novembre mil cinq (cens) et quatre.

(Original parchemin).

ARCHIVES DE MEURTHE-ET-MOSELLE.

Layette Ruppes, III, n° 12 (B. 887).

Du 9 avril 1496.

Copie du bail fait par le noble Claude du Lys, de Domremy, à Claude de Bourlémont, seigneur en partie de Han, des grosses dîmes des seigneuries de Moncel et Happoncourt.

Sachent tous que en la court Monseigneur le duc de son tabellionnage de Chastenoy et de Neufchastel pour ce personnellement estaublis, noble homme, Claude du Lix de Dompremy et Nicole (?) sa femme, licenciée dudict son mary ont reconnu et confessé sans contraincte qu'ilz ont laissé et admodié à tiltre d'admodiation de grains à Claude dé Boullémont, seigneur en partie du Han et à Jennette, sa femme, et iceulx ont prins et retenus desditz recognoissantz à tiltre que dessus le sixiesme des deux tiers es gros dismes de la seigneurie dudict Han, Moncel et Happoncourt, auparavant vendu par le dict preneur auxditz laisseurs pour iceulx dismes tenir et posséder, et iceulx preneurs pour et parmy paieront chascun an au terme de Sainct-Martin d'yver, tant et si longuement qu'ilz le vouldront tenir et posséder à iceulx preneurs la quantité de six résaulz de graines par moyctié avec tous fraiz et dépens que iceulx feroient en poursuyvant le

14.

payement chascun an desdictes dismes, promectans lesditz preneurs par leur foid sur ce donnée corporellement en ladicte court de n'en jamais aller ne faire aller ne venir contre ce présent laix et admodiation en manière quelconque, et ledict Claude de Boullémont et sadicte femme de bien payer lesditz six résaulx grains audict terme à Claude du Lix, sadicte femme, ou leurs hoirs tant et si longuement qu'ilz tenront les dictes dismes, et par chascune année en eulx et leurs biens meubles et héritaiges présens et advenir, obligeant et submectant par tous aux juridictions et contrainctes de toutes exceptions et contrainctes de Monseigneur le duc de ses justice et de tous aultres comme cognues en sadicte court exceptions ad ce contraires du tout cessant arrière mise.

En témoing de ce, à la requeste desdictes partyes, sont ces présentes lettres scellées du seel Monseigneur le Duc de sondict tabellionnage saulf son droict et l'aultruy.

Ce fust faict le neuviesme jour d'apvril l'an mil quatre cens quatre vingtz et seize, présents discrètes personnes messire Didier de Dollaincourt et messire Demenges de Vaulxey, ambedeulx prestres, témoingz ad ce appeléz et requis. Ainsi signé :

JOHANNES JOLLY.

Collation faicte à l'original dez principalles lettres par moi Husson Brisebanne (ou Brisebarre), clerc juré de Viviers, le dernier jour du mois de may, l'an mil cinq cens et neuf.

H. BRISEBANNE.

Quel était ce Claude de Bourlémont qui avait vendu à Claude du Lys tout ou partie des droits seigneuriaux qu'il avait au Han, Moncel et Happoncourt ?

Ce ne pouvait être qu'un fils de Colas ou Nicolas d'Anglure-Bourlémont, chef, par son mariage avec Jeanne de Bourlémont, de la branche Bourlémont de la maison d'Anglure. Mais comment ce Claude de Bourlémont a-t-il des droits dans la seigneurie de Han, Moncel et Happoncourt, fief de la maison forte de l'Isle, de Domremy, qui était passé depuis près d'un siècle aux familles de Salm et d'Ogéviller ?

Nous inclinerions à penser qu'il avait dû devenir seigneur en partie de ce fief par mariage avec une des héritières signalées dans le dénombrement d'Henry de Salm.

ARCHIVES DE MEURTHE-ET-MOSELLE.

Layette Gondrecourt, III, n° 21 (B. 727).

~~~~~~

Du 20 juin 1574.

Dénombrement de Jean, comte de Salm,
pour Domremy la Pucelle.

Nous, Jean, comte de Salm, baron de Vivier, Fenestranges, Brandebourg, etc... seigneur de Ruppes, Dompremy, etc... mareschal de Lorraine, gouverneur de Nancy, cognoissons et advouons tenir en plain fief de Monseigneur le duc de Lorraine et de Bar, nostre souverain seigneur, à cause de son duché dudit Bar, mesmement de son chasteau et chastellenie de Gondrecourt, la moytié par indivis de toute la terre et seigneurie dudit Dompremy sur Meuze, dit la Pucelle, partable à l'encontre de honoré seigneur Jacque de Saint-Blaise, seigneur de Troicy et les enfants de luy et de feu dame Catherine de Dompmartin, sa femme, par acquest fait de feu Loys de Dommartin en son vivant baron de Fontenoy ; laquelle terre et seigneurie consiste en une masure que souloit estre une forte maison et chasteau, maison seigneuriale du lieu, appelée anciennement l'Isle, pour ce qu'elle souloit estre environnée de la rivière de Meuze,
~~~~~~

avec ses aysances et appartenances, ainsi qu'elle se contient, mesme ung jardin qui est pour le présent en nature de prey pour la plupart, contenant environ huict faulchées, lequel se nomme encore de présent le grand jardin. Et pour raison de laquelle maison nous avons plusieurs vassaulx qui reprennent de nous, assavoir les sieurs du Han, Moncel et Happoncourt, des seigneuries de cesdits lieux et de toutes leurs appartenances et dépendances.

Item, tous droictz de haulte justice, moyenne et basse, en tout et par tout le ban, terrouer finage et confinage dudit Dompremy, rivière, droits et usages en dépendans, ensemble sur les bourgeois, manans et habitans d'icelle seigneurie pour l'exercice de laquelle justice y a mayeur, greffier et procureur, sergent et aultres officiers, et en toutes amandes quelles elles soient, haultes, reglées, moyennes et basses, avec toutes confiscations et épaves eschéantes audit Dompremy et au ban et finaige d'illecque.

Item, chacun habitant audit Dompremy nous doit au jour de Pasque pour chascune charrue entière deux solz toullois, et pour chascune demy charrue ung sol toullois, le quart à l'équipolent. Ceulx qui n'ont charrue entière, demye ni quart, nous doibvent chascun six deniers toullois, et la vefve n'ayant charrue, demye ni quart nous doibt trois deniers toullois.

En oultre, nous doibvent les dis habitans par chascun an au jour de Saint-Remy, chef d'octobre, les rentes et redebvances cy-après, assavoir : celui qui a charrue entière quatre solz toullois et quatre réseaux de grain par moytié, celuy qui a demye charrue, deux solz toullois et deux réseaux de grains par moytié, pour le quart de chascun à l'équipolent. Et celluy qui n'a charrue, demye ni quart, doibt pour son chef audit jour ung sol toullois et un réseau de grain par moytié; la vefve n'ayant charrue, demye ni quart, doibt six deniers toullois, et deux bichetz de grain par moytié, le tout froment et avoinne, mesure de Neuf-chastel.

Item, doibvent lesdis habitans audit jour de Saint-Remy, pour chascune vache ayant lait nouveau ung sol toullois, et pour celle qui a vieil lait six deniers toullois.

Item, toutes aultres bestes oisives comme brebis, moutons, agneaulx et veaulx surannez doibvent audit jour de Saint-Remy ung denier toullois ; et vault le sol toullois dix huict deniers monnoye dudit duché.

Item, doibt chascun mesnage pour le droit qui y ont d'avoir fours en leurs maisons à cuire leurs pastes, deux bichetz aveine. Et la vefve seulement ung bichet, soit qu'ilz ayent fours (1)

Doibvent les maisons qni sont en la rue appelée la rue du Chasteau de l'Isle et aultres qui sont en la rue du jardin du moulin, la somme de trois frans, monnoye dudit duché.

Item, nous appartient le cours (1) [de la rivière de Meuze, depuis] ung lieu appelé la Ferté, contigu du finage de Couxer au dessus dudit Dompremy jusques à ung lieu communément appelé la grosse Saulcée du pret d'Aultroppe.

Et n'est loisible à aulcun (1) [de pescher sans notre licence et celle] de noz comparçonniers : et rapporte

(1) Trou dans le parchemin.

la pesche en icelle rivière dix ou douze frans par an
aulcune fois plus, aulcune fois moins.

Item, nous doibvent lesdits habitans la somme de
trente gros (1) [qui se lève] sur eulx, le fort portant le
foible, et se paye au jour de Noël ladite rente communément appelée le gras bœuf.

Item, doibt chascun faulchée de pret par chascun
an au jour de festé Saint-Pierre et (1) [Saint-Paul
quatre deniers]. Et est icelle rente appelée la graisse
des preys.

Item, avons audit finage une pièce de terre communément appelée la vigne Charles, contenant ung journal ou environ.

Item (1) pret communément appelée le viel Foulon,
contenante une faulchée et demye ; lesquelles deux
pièces sont laissées pour trois francs barrois de rente
annuelle.

Item, certaine accrue d'un lieu appelé le jardin (1) ;
que me doibt de cense annuelle deux gros dite monnoye, qui se payent comme aussi la rente susdite au
jour de Saint-Martin d'yver.

Item, doibt chascun journal de terre de nouveau
essarty et aultres mis en nature de labeur depuis
trente ans en ça quatre deniers de cense annuelle
payables audit jour Saint-Martin d'yver.

Item, doibt chascun journal de vigne seis en la contrée appelée la Coste, finage dudit Dompremy, quatre
deniers dite monnoye de cense annuelle, payable audit
jour Saint-Martin d'yver.

Item, doibvent lesdits habitans par chascun an au

(1) Trou dans le parchemin.

jour de feste Saint-Jean-Baptiste, quatre douzaines d'oysons.

Item, doibt chascun mesnage par chascun an deux gellines qui se payent, l'une au jour de Pasque, l'aultre au jour de Saint-Remy, chef d'octobre. Et la femme vefve ne doibt que demye gelline à chascun desdits termes.

Item, nous avons audit finage une pièce de prey communément appelée les Porchiers qui contient dix faulcées. Et sont tenuz lesdits habitans ès fenoisons y faulcher et amasser les foins.

Item, nous avons encore une aultre pièce de prey audit finage communément appelée Aultroppe qui contient quarante faulchées ou environ.

Item, nous avons audit Dompremy six cens arpens de bois de haulte fustaye en une pièce, divisée toutefois, appelée la forest de la Reversée, partye desquels est à présent essartée et mise en labeur, partye aussi en coppe ordinaire.

Item, nous avons audit lieu, ban, finage et confinage d'illecque, un gaingnage consistant en terres laborables, appelées communément les colvées des seigneurs, et en aultres héritages dont on nous rend à présent six vingtz réseaux, mesure dudit Neufchastel, moytié froment et moytié aveine chascun an, auquel gaingnage lesdiz habitans qui ont charrue, demye et quart de charrue, sont tenus de faire trois corlvées, en trois saisons de labeur, et une corlvée de faucilles ez temps de moisson.

Item, nous avons ung mollin sur ladite rivière duquel on nous rend à présent quatre vingtz réseaux bled, mesure dudit Neufchastel.

Oultre lesquelles choses cy dessus nommées y a aussi audit finage une contrée de bois contenante quatre cens arpens ou environ, communément appelé le Mont, bois juré où lesdits habitans ont leurs usages, tant pour leurs affouages que pour bastir, et pour en là ayder en aultres leurs nécessitez.

Item, encore ung pasquis contenant environ vingt ung faulchées où lesdis habitans peuvent mener leurs bestes pasturer en tout temps et saisons.

Protestons au surplus que sy par inadvertance ou aultrement nous avions obmis quelque chose en cestuy nostre présent dénombrement de l'en accroistre ou y adjouster et aussi de corriger et oster ce qui y pourroit estre superflus et au préjudice d'aultruy, toutes et quantes fois que mestier sera. Saulf en tout le droit de nostre souverain seigneur, le nostre et l'aultruy.

En témoing de toutes lesquelles choses susdites, nous avons signé ces présentes de nostre seing manuel, et icelles fait sceller de nostre grand seau armoyé de noz armes, cejourd'huy vingtième jour du mois de juin, mil cinq cens soixante et quatorze.

Jean de Salm.

(Au dos.)

Nous, gens du Conseil et des Comptes du duché de Bar ; à tous ceux qui ces présentes verront, salut. Sçavoir faisons que cejourd'huy, date de cestes, nous avons reçu l'adveu et dénombrement de Monsieur le comte de Salm... etc... Après avoir veu la vérification qui en aurait esté deuement faitte par noz confrères les sieurs Président et de Rozières, etc... de ce qu'il tient en fief, foid et hommage de nostre souverain

seigneur Monseigneur le duc... etc... ad cause de
son chastel et chastellenie de Gondrecourt, ainsy qu'il
est amplement déclaré audit dénombrement d'aultre
part, sauf le droit de nostre seigneur et l'aultruy.

En témoing de ce, nous avons signé ce présent
récépicé des seingz manuels de trois de nous, cy mis
le quinzième jour d'octobre mil cinq cens soixante et
quatorze.

GROSMIN.   GLEYSENOVE.

(Original parchemin.)

ARCHIVES DE MEURTHE-ET-MOSELLE

Layette Gondrecourt, III, n° 67 (B. 1728).

4 novembre 1599

Dénombrement d'Oger de Saint-Blaise pour Domremy-la-Pucelle.

NOTE. — *Cette pièce est la répétition, presque mot pour mot, de la précédente; il n'y a pas lieu de la transcrire.*

Oger de Saint-Blaise, chevalier, gentilhomme de la chambre du Roy, baron de Troissy, vicomte de Burgny, Vinay, Rodancourt, Courcourt, Chanot, Dieudonné, Dannemarie, Ranicourt (Raulcourt), était fils de Jacques de Saint-Blaise et de Catherine de Dompmartin (Dommartin ou Dammartin ?)

(Original parchemin).

Sur la même pièce, la Chambre des comptes du duché de Bar mentionne avoir vérifié le dénombrement de Jacques de Saint-Blaise du 8 octobre 1574.

ARCHIVES DE MEURTHE-ET-MOSELLE

Layette Ruppes, I, n° 1 (B. 884).

~~~~~~

28 janvier 1538

Reprises de Jean, comte de Salm, pour Ruppes, Maxey-sous-Brixey et Greux.

Nous, Jean, comte de Salm, mareschal de Baroys, seigneur hault justicier, moyen et bas de Vivier, de Ruppes, Maxey-soubz-Brixey, Greux, etc... cognoissons et confessons tenir en foy et hommage du roy nostre sire, à cause de son chastel et chastellenie de Montesclère, en la ville, appartenances dudict Maxey, ce que s'ensuyt.

Premièrement, avons en ladict ville de Maxey un mesgnie d'hommes qui est à nous mesmement seul et pour le tout, et nous doibt par chascun an, au jour de feste Saint-Remy, chef d'octobre, dix-huict denyers tournois, ung boissel de froment et ung boissel d'avoine, et nous doibt, pour chascune beste qu'il a, soient grosses ou petites, deux toullois que se payent à deux termes, c'est assavoir : ung toullois au jour et feste Saint-Remy et ung toullois au jour de feste de Pasques communément (communiant ?) et peult valoir par an cinq soulz tournois montant et avallant ; et s'ilz
~~~~~~

ne payent audict jour, ilz commectent une amende de cinq solz tournois ; sur lesquelz noz hommes avons toute justice, haulte, moyenne et basse, et pareillement avons sur les hommes des seigneurs de sainct Jehan de Jérusalem qui sont partables entre eulx et nous, et sur les hommes des aultres seigneurs dudict Maxey : c'est assavoir sur ceulx des religieulx, abbé et couvent de Sainct-Mansuy hors des murs et preys de la ville et cité de Toul, sur ceulx des religieuses abbesse et couvent de Bouxières, et sur ceulx du prieuré de Sainct-Jacques au Mont, toute haulte justice, moyenne et basse.

Item, en toutes les amendes que font lesdicts habitants dudict Maxey, de quelque seigneurie qu'ilz soient excepté nosdits hommes, jusques à cinq solz tournois, avons la moictié ; et toutes aultres amandes qui passent cinq solz sont arbitraires ou réglées, elles sont à moy seul et pour le tout ; et peult valoir nostre part par an de vingt à trente solz tournois, montant et avallant.

Item, tous les habitans don partage nous doivent par an du chef chascun d'eulx au jour de Pasques dix-huict denyers tournois, par moictié auxdictz religieux de Sainct-Jehan et à moy ; et peult valloir par an ma dicte part soixante solz montant et avallant. Et au cas que les dessudictz ne payent les denyers et choses dessusdictes aux termes dessusdictz, ilz commectent une amande de cinq solz tournois envers nous et pour chascun terme qu'ilz fauldroient.

Item, avons une vigne au finaige dudict Maxey contenant environ unze arpens, et peult apporter par communes années de huict à dix queues de vin parmi les coustanges, montant et avallant.

Item, nous avons ung pressouer banal audict Maxey, auquel sont tenus tous les habitans du dict Maxey y venir presser, et peult valloir par an trois muydz de vin, montant et avalant.

Item, nous avons audict lieu, ung moulin banal qui peult valloir par an, de vingt à trente résaulx de bled de moulture, montant et avallant.

Item, nous avons audict lieu ung battant à battre chanves qui peut valoir par an cent livres chanves, montant et avallant.

Item, nous avons la moictié en la rivière bannal du dict Maxey partant auxdicts seigneurs de Sainct-Jehan, et peult contenir environ dix arpens d'eau et peult valloir par an vingt à vingt-cinq solz tournois, montant et avallant.

Item, nous avons la moictié au four banal d'illec partant auxdicts religieulx de Sainct-Jehan et peult valloir chascun an nostre part cent solz tournois, montant et avallant.

Item, nous avons ung prey au finaige dudict Maxey, appelé le Hault, qui contient environ dix faulchées de prey ; et peult valloir par an, quand on vend la dépouille d'icelluy environ quatre livres, montant et avallant.

Item, nous avons un aultre prey nommé le Breul, qui contient environ dix faulchées de prey, et peult valloir par an, quand on vend la dépouille d'icelluy soixante solz tournois, montant et avallant.

Item, nous est dheu au dict Maxey, une rente nommée les Quartiers, qui vault en denyers cinquante et trois solz quatre denyers et vingt-cinq resaulx d'avoine petite mesure, et ne monte ne avalle.

Item, nous avons ung boys ou finaige dudict Maxey nommé Hozennemont (?) contenant environ deux cens arpens de boys, et ung aultre boys nommé le Channoy, contenant environ cinquante arpens de boys appartenant par moictié ausditz religieulx de Sainct-Jehan et à nous, et quant il vient paisson, elle se peult vendre par chascun an par communes années, environ cinquante soulz, montant et avallant.

Item, tous les habitans du dict Maxey, de quelque seigneurie qu'ilz soient nous doibvent chascun an à Noël le laigney ; c'est assavoir chascuns mesnages une voiture boys, rendue au chastel de Ruppes.

Item, nous sont dheus sur trois jours de vigne séant au dict finaige, lieudict en Bricault, par chascun an, au jour de la Nativité Nostre-Dame, par les détempteurs, neuf soulz quatre denyers.

Item, sur quatre jours de vigne séant au dict finaige de Maxey, lieudict ou ban de Han, nous sont dheus par chascun an au jour et feste de Toussaint, par les détempteurs dix solz tournois, qui ne montent ne avallent.

Item, nous doibvent les héritiers de feu Jehan Maire, chascun an, au jour de feste de Pasques pour la garde des héritages dénommés cinq solz quatre denyers tournois qui ne montent ne avallent.

Item, nous sont dheuz par plusieurs des habitans du dict Maxey au jour de Pasques communément (communiant ?) dix gélynes de rente, rendues au chasteau du dict Ruppes.

Item, Jehan Villardot, Jehan Noël et Thomassin nous doibvent par chascun an au jour de feste Saint-Remy chascun d'eulx un chappon sur certains héritages sur quoy ilz sont assis et assignez chascun an rendus au chastel dudict Ruppes.

Item, Demongeot Bridart, Jehan de Figuelle, Didier Bermot, Perrin Porelle, Demenge Bertinet et Girard Jehan de Mont nous doibvent chascun an au jour de feste Sainct-Martin d'hyver dix bichetz de froment rendus au chastel de Ruppes.

Item, nous avons en la ville de Greux unze mesgnies d'hommes dont Anne de Neufchastel, vefve de feu Gilles de Dommartin a la moictié entièrement à ladicte seigneurie et à ses appartenances réservé le fief de deux hommes feodaulx qui tiennent à cause de la seigneurie de Greux comme est cy-dedans spéciffié ; qui nous doibvent chascun an certaines rentes, tant d'argent comme de graines, bledz et avoynes qui se payent chascun an à deux termes : c'est assavoir à Pasques communément (communiant) et à la Sainct-Remy chef d'octobre, et peult monter chascun an en argent quatre lyvres tournois montant et avallant ; et les grains, bledz et avoynes, moictié de vingt à vingt et ung resaulx, montent et avallent ; sur lesquels mesditz hommes, nous avons toute haulte justice, moyenne et basse.

Item, nous avons audict Greux un petit estang dessoubz lequel nous avons un moulin, et peult valloir ledit estang quant il vient à pescher de huict à dix lyvres tournois ; et ledict moulin peult valloir par chascun an cent solz tournois, montant et avallant.

Item, nous avons audict Greux une rente d'oysons vallant chascun an six oysons et ne monte ny avalle.

Item, les habitans dudict Greux nous doibvent par chascun an une rente que on dit le gras beuf, montant à douze solz tournois, ne monte ny avalle.

Item, nous est dheu par lecdicts habitans dudict Greux chascun an une rente de gélines qui peult monter et avaller selon la quantité des personnages et a monté en ceste présente année à dix-huict gélines.

Item, nous avons audict Greux une rente sur les vignes qui peult monter et avaller, laquelle a vallu pour ceste présente année dix-sept solz tournois.

Item, nous avons une portion des gros dîmes dudict Greux et nous peult valloir par commune année sept résaulx par moitié froment et avoyne, montant et avallant.

Item, nous avons audict Greux toutes amendes haultes, moyennes et basses, et une justice dressée pour exécuter les malfacteurs sy le cas y eschoit.

Item, au ban dudict Greux avons plusieurs boys, hayes, preys, terres labourables et non labourables comme ilz se contiennent d'ancienneté, et que noz prédécesseurs ont par cy devant tenuz et possédez.

Item, en nostre seigneurie dudict Greux nous avons deux hommes féodaulx, qui doibvent et sont tenuz de reprendre de nous en arrière fief du roy nostre sire de tout ce qu'ilz ont on ban, terre et seigneurie de Greux, nommément les hoirs Jehan de Brixey et les hoirs Loys de Sensis, pour ce qu'ilz tiennent certains héritages, rentes, censes et revenuz dessoubz nous, tant de la ville dudict Greux, comme on ban et finage et appartenances d'icelle.

Item, nous avons toutes justices, haultes, moyennes et basses, sur tous les héritages, preys, terres, vignes, boys, estangs, rivieres, moulins, fours, battants, maisons et toutes aultres choses dessoubz dictes lesquelles et une chascune d'icelles nous tenons en fied et hommage du roy nostre sire.

Et desquelles, nous, ledict Jean, comte de Salm, devant nommé, promectons de faire les services, devoirs au roy nostre sire, ainsy qu'il appartient ce que noz prédécesseurs ont faictz du temps passé. Protestant que sy, par ignorance ou aultrement, avons aulcune chose laissé ou oublyé à mectre en ce présent dénombrement, ou si nous avons aulcunes choses myses ou adjousté qui n'y dheut estre, que ce ne nous tourne à préjudice, et de y rémédier et corriger, amender et en oster sy mestier estoit, toutes et quantes fois et au plustôst qu'ilz viendront en nostre cognoissance. En témoing de vérité de ce que dessubz, avons ces présentes lettres et dénombrement signé de nostre main et appendu nostre seel, armoyés de noz armes.

Que furent faictes et données l'an mil cinq cens trente et huict, le vingt et huictiesme jour du présent mois de janvier. Signé Jehan, comte de Salm, et séelées en double queue de cire rouge.

Copie extraite et collationnée à l'original des présentes par moy, secrétaire et tabellion général au duché de Lorraine, souscripts et se concordent.

Rouyer.

ARCHIVES DE MEURTHE-ET-MOSELLE

(B. 391, f° 125.)

1er février 1325, nouveau style.

Dénombrement de Jean de Nouillompont pour Domremy-aux-Bois.

Je, Jehan de Nouillompont, fils de Thiébaut de Rouvroy qui fut, fais savoir et cognissant à tous ceulx qui ces présentes lettres verront et diront, que je ai reprins et repreng de haulte prince noble et pouissant Monsignour Eddouard, comte de Bar, ligement devant tous, premier : deix jours de terre séans à Domremy, ou leu comdit li champz Loneie entre Jennes dou Chauffour d'une part et Pierardz de Gouvegney d'aultre part. Item, huict jours en la petite croveyée entre Henry de Hugues d'une part, et Gontier filz Haymart d'autre part. Item, deix jours en la croveyée qui fut dame Mahoud. Item, douze jours delez lou chemin de la pièche ou la voie dou moulin. Item, onze jours en Baucheichamp delez Henry de Hugues. Item, douze jours en la croveyée delez lou Pilaut. Item, deix jours sur la Serus de Gorencourt entre Stevenin d'une part, et le preis d'autre part. Item, vinct jours en la croveyée dou Mouxart, entre Henry de Hugues d'une part, et Jennes dou Chaufour d'autre part. Item, cinq jours ou chemin d'Amelle delez Henry de Hugues. Item, quatre jours à la Pixète, delez Henry de Hugues. Item, vinct jours à Bruleteilz, delez Henry de Hugues. Item, quatre jours et demi delez lou pont situé lou chamin d'Amelle. Item, un jour en la voie de Gorencourt, delez Henry de Hugues. Item, un jour en la profonde voye, delez Henry de Hugues. Item, un jour à Murecourt avec Henry de Hugues et avec Jennet dou Chauffour. Item, dous jours à Murecourt qui furent fourier (?). Item, faucie et demie de prey devant Baroncourt. Item, dou faucie derrière lou Pilaut. Item, quatre faucies on la peice delez Jennet dou Chaufour. Item, dou faucies on Freillou.

Et en deveng ses hons si com cil qui faire lou puet des choses devant dictes, lesquelles étoient miennes en franc. alleul. Et promet, sor l'obligement de mi, de mes hoirs et de mes biens que contre ne irai, ne ferai aleir, et que je empourterai bonne warentize audict Monsignour de Bar, et à ses hoirs. Et pour que ce soit ferme chose et estauble aije, proiet à religiouse personne dom Jehant, par la patience de Deu, dis abbé de Chastillon, avons mis nostre seel en ces présentes lettres, avec lou seel loudict Jehan, en témoignage de vériteit. Que furent faictes l'an de grâce Nostre Signour mil trois cens et vinct quatre, le vanredy, vigille de la Purification Nostre-Dame on mois de février, sellées de deux petits séels de cire verde sur doubles queues.

(Copie faite au XVIᵉ siècle.)

Longnon: Documents inédits sur la Champagne et la Brie.

Hommages faits à Thibaud V.

Feoda Regalis Montis, vel Cueyfi quod idem est.

5959. — Joiffroi de Varannes, liges du conte de Champaigne après le roi de France et le conte de Bar le duc de environ X livrées de terre à Maissy sur Oyse en ventes et en autres rentes, et de ce que messire Warins de Dontemy et Estene de Brion tiennent de li illuecq. Et doit de garde XL jours, si comme il dit.

Bailliage de Vitry.
Feoda de Vitriaco.

6429. — Le conte de Bar le duc est liges des seigneurs de Champaigne après l'evesque de Verdun, si comme il dit, du sauvement de Fontenet, de Chaumontoys, de Chanterive, de Somoile, d'Auzicourt, de la voierie et treffons de Leecurie, de la grosse sauçoye de Rooncourt jusques aus gages d'Ailancelle, du boys des frères de Jandoirres et de Sainte-Marie, de Saint-Pierre de Fay, de la Perreire, de Chasnel derrière

III Fontaines Grange, des choses que il a en la seignorie, et es fiez de Quarnay, des fiez de Masigières et de Loise, du fié que son père dit avoir acquis de monseigneur Philippe de Nantueil Haudoin, du fie de monseigneur Girart de Waudimont, pour le fié de Saint-Christofle, de Saint-Jore, de Ruferois, du fié de Domanges, de la garde du Val-en-Ornois, des choses que il tient en la seignorie, et les quiex sont tenus de y celui à Quarnay et ailleurs, et de la chastellerie de Quarnay, de Raucourt que le conte de Rethel tient de lui avec les appendances. Item, de Saint-Moret, se il le puet faire dans mesfaire, et est assavoir qu'il quita ce qu'il avoit ou fié des Provenchières. Et quiconques des hoirs de Bar tendra des viscontées, des terres et de Bordan tendra du seigneur de Champaigne le fié acquis de monseigneur Phelippe de Nantueil à monseigneur Guy de Plances. Et est assavoir que le conte ne puet retenir aucun homme des fiez de Champaigne ou des gardiens de Champaigne ne le sire de Champaigne des siens ou royaumes, et se ils allassent en l'Empire, y celui dessouz qui mouvroit auroit la remanantize.

Fiefs de la régence de Blanche d'Artois
1274-1275.
C'est Mont-Esclaire.

6996. — C'est ce que mes sires Pierres de Bolesmont tient en fié de ma dame la roïne en la chastellerie de Mont-Esclaire ; c'est à savoir Boulesmont, et Fraubescort et Rorli... et à Vecourt devant le Nuef-Chastil que je tien de madame la roïne.

Pièces diverses.

P. 417. — *Ce sunt li fié qui sunt novelement mis fors la main le conte de Champaigne et de sa garde, et sunt tout de novel pris et tenu dou conte de Bar et mis en sa main et en sa garde. — 1280 environ.*

7303. — Toutes ces choses devant dites et toutes les autres que li queans de Bar a einsi adquestées des fiez de la contée de Champaigne et qui moivent dou conte et de lui doivent estre tenues, dist li cuens de Bar que eles sont de l'Ampire, et les avoue de l'Ampire et aveuques ces choses toutes les choses que il tient ou Reaume et par deça la Moese il dit que tout est de l'Ampire, et a trait tout par devers l'Ampire si comme il est bien apparant ; quar, quant il covient pledier des choses de Busenci ou de la chatellerie de Busenci et des autres fiez qui sont devant diz par devant le comte de Bar devant dit, ill a ajorné ce fait ajorner par devant lui à Saint-Miët, qui est en l'Ampire, touz ceus qui tiennent ces choses devant dites et qui tiennent de lui es leus ditz, et tout ce il fait de novel en grief dou conte de Champaigne et en amenuisement des fiez de France et en doumache dou roi.

RECTIFICATIONS

ET ADJONCTIONS

P. 22. — L'affirmation que Neufchâteau, Chatenois et Frouard n'ont jamais été considérés, dans les documents relatifs aux fiefs champenois, comme faisant partie de la prévôté d'Andelot n'est pas exacte. (Cf. Longnon, documents relatifs au comté de Champagne et de Brie, t. II, p. 571.) Les ducs Ferry et Mathieu, notamment, accomplirent la cérémonie de l'hommage. Néanmoins, ces droits, sous Charles VI, étaient fortement tombés en désuétude, et étaient ouvertement contestés. Louis XI y renonça pour récompenser le duc René après la défaite et la mort de Charles le Téméraire.

P. 24, ligne 12. — Au lieu des biens, lire les liens féodaux.

P. 32, 3ᵉ alinéa. — Voir la carte annexée au présent ouvrage, qui montre qu'une partie du territoire de Greux, notamment l'hermitage de Bermont, où allait prier Jeanne d'Arc, faisait encore, en 1704, partie du domaine temporel de l'évéché de Toul.

P. 50, 3ᵉ alinéa. — Au lieu de en 1218, lire en 1278.

16

P. 61. — Voir aux documents annexes le dénombrement du comte de Salm, héritier de la famille de Bourlémont pour Greux et Maxey-sous-Brixey.

P. 69, ligne 12. — Le testament était alors un acte considéré comme religieux avant tout. Il est donc naturel que Jean de Bourlémont se soit adressé à un fonctionnaire religieux.

P. 72, ligne 2. — Un document très ancien qualifie le seigneur de Clefmont de *comes bassignensis*.

P. 76. — Cet acte ne vise pas Han, faubourg de Gondrecourt, mais une maison ou moulin, sis près de Moncel et Happoncourt. La carte de 1704, que nous reproduisons, porte Han M^r M^n, qu'on peut traduire par Han, manoir et moulin. Voir les pièces annexes.

P. 83, 3e alinéa. — Le jardin au Han, loué par Claude du Lys à Claude de Bourlémont, n'est pas au faubourg du Han de Gondrecourt, mais au Han, entre Moncel et Happoncourt, dans la seigneurie dépendant de la maison forte de l'Ile de Domremy. (Cf. pièces annexes.)

P. 91, dernier alinéa. — Il n'est pas tout à fait exact que la famille d'Arentières fût purement barroise.

Elle était originaire d'Arentières (Aube) et on en voit les représentants cités dans les documents relatifs aux comtes de Champagne et de Brie. (Cf. Longnon, Documents inédits, tome I, p. 448 ; tome II, prisée du comté de Vertus.)

P. 94, 1er alinéa. — Au lieu de « un jour curieux sur les mœurs au commencement du xve siècle... », lisez : « sur les mœurs du commencement.... ».

P. 94, renvoi. — Il ne s'agit pas de Pulney, mais bien de Pulligny, village sur le Madon, près de Vézelise.

P. 95, ligne 18. — « Logée cher le frère. . » lisez « logée chez le frère ».

P. 100, 2ᵉ alinéa. — Bien que l'abbesse de Poulangy fût seigneur du village et dépendances, cependant la seigneurie relevait réellement du roi (Jolibois) qui finit par vendre ses droits à l'abbaye en 1588. Néanmoins, on trouve dans les documents inédits de Longnon, tome I, nº 5882, chapitre des fiefs de Montigny, mention d'un Symon de Polangi :

« Et de ycelui (Joffroi d'Espinant) tiennent le chas-
« telain de Nongant (Nogent) de par sa femme quelque
« chose (qu'il) tient à Espinant, Bernars de Nongant
« ce qu'il a en disme dudit lieu, Gautiers de Louvières
« à Remicourt, et *Symon de Polangi* illuecq. »

« Illuecq » peut se rapporter à Espinant, ou à Remicourt, ou à Poulangy ; cependant, il s'agit dans ce chapitre de fiefs de Montigny. Il est vrai que le but premier des inscriptions a pour objet de spécifier les gardes au château de Montigny.

P. 101, ligne 7. — Au lieu de chevailli, lisez chevalier.

P. 105, ligne 8. — Vallet de Viriville et non de Viviville.

P. 111, 2ᵉ alinéa. — Sainte-Catherine était honorée spécialement à Maxey-sous-Brixey :

Testament de Jean de Bourlémont (3 et 23 octobre 1399) :

« Item, je veul que les aïandres de Saincte Cathe-

« line de l'esglise de Marcey dessus dit soient rendues
« et restablies à la dicte esglise pour priier pour mi,
« pour ce que messire Waulcliierz, curetz jadis d'icelle
« esglise, les m'avoit données, ensemble aulcunes
« grosses aïandres qu'il avoit faictes, si comme il
« disoit, et escriptes de sa main, et sont les dictes
« aïandres en Bourgogne en mon ecrin. »

P. 145. — On peut à la rigueur admettre que Jeanne, en voyant les pentes de la montagne de Bourlémont, voyait les *dernières pentes de France*. Néanmoins cette image est bien forcée, car ce que Jeanne pouvait voir c'était tout autour d'elle le plus confus enchevêtrement d'enclaves qu'ait pu enfanter l'organisation féodale.

P. 163, dernier alinéa. — Il est évident qu'il s'agit des races primitives et non des races actuelles, toutes plus ou moins transformées par les croisements.

P. 265. — 6429. Cette inscription a son importance par la mention qui y est faite que les acquisitions du comte de Bar des fiefs de Guy de Plancy n'ont pas été directes, mais qu'il y a eu un possesseur intermédiaire, Philippe de Nanteuil.

P. 267. — 7303. Première trace des dissentiments entre les comtes de Champagne et ceux de Bar au sujet des fiefs qui formeront plus tard le Barrois mouvant.

NOTICE SUR LA CARTE JOINTE

Cette carte fait partie d'une série dont la réunion forme la carte de la Lorraine en 1704.

Elle porte comme titre : LE TOULOIS, où sont LES CHATELLENIES et LES PRÉVOTÉS DU TEMPOREL DE L'EVÊCHÉ DE TOUL et de son CHAPITRE : PARTIE DU BAILLIAGE DE L'EVÊCHÉ DE VERDUN. LE DUCHÉ DE BARROIS ou BAILLIAGE DE BAR-LE-DUC. **Partie du Bassigny, du Barrois ducal ou Bailliage de Saint-Mihiel,** dans le duché de Bar, du **Bailliage de Nancy** dans le duché de Lorraine ; et **Les Terres adjacentes de Hattonchatel, d'Aspremont, de Vaudémont** et **de Commercy.** *Par le S*ʳ *Jaillot, Géographe ordinaire du Roy.*

Nous ne reproduisons que la partie Sud-Est de cette carte.

Nous avons, au cours de cet ouvrage, insisté sur ce fait que la royauté avait conservé, on peut dire sans y toucher, les anciennes divisions territoriales des châtellenies, des prévôtés, avec leurs enclaves, leurs enchevêtrements singuliers, tels que les avaient constitués la féodalité primitive. Cette carte en est un exemple des plus probants.

16.

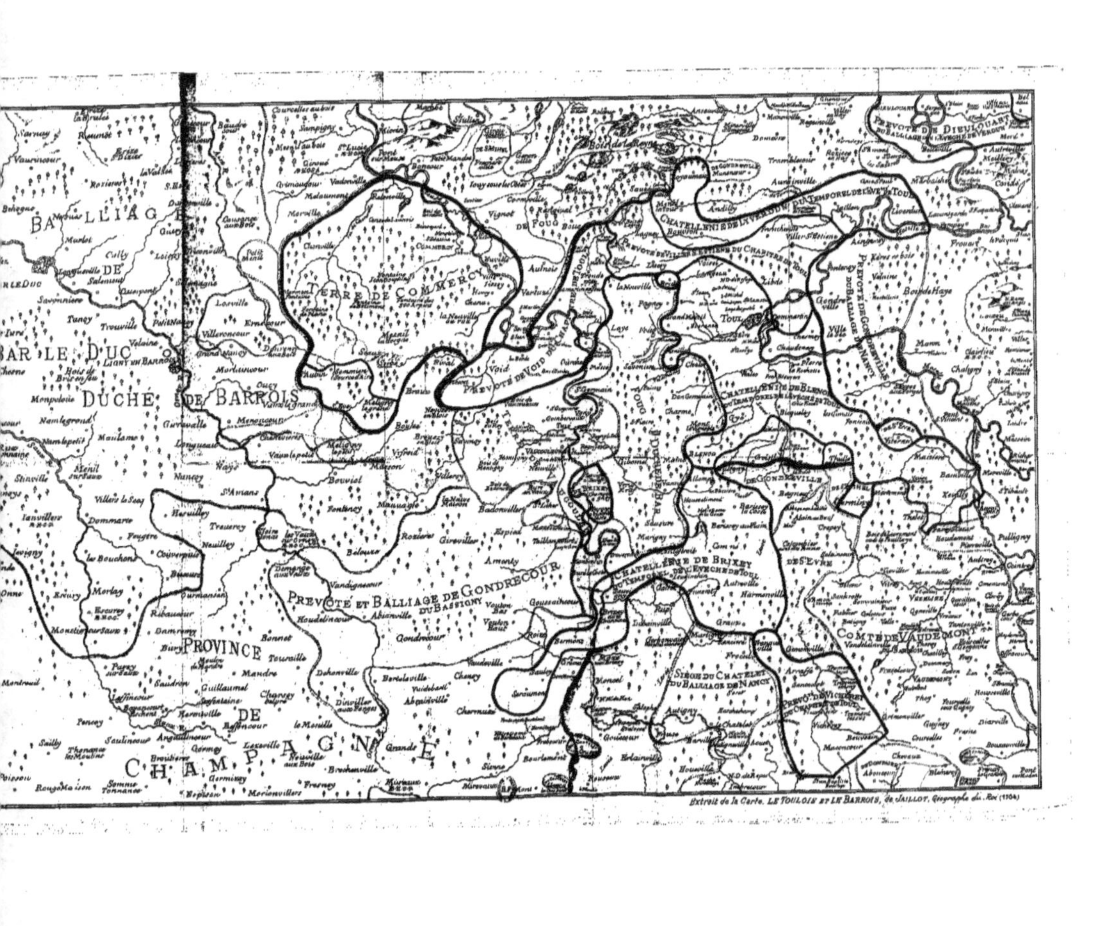

Extrait de la Carte, LE TOULOIS ET LE BARROIS, de JAILLOT, Géographe du Roi (1704)

TABLE DES MATIÈRES

9 782329 091624